이번엔
울릉도·독도

이번엔 울릉도 · 독도

지은이 장치은 · 장치선 · 이우형
펴낸이 임상진
펴낸곳 (주)넥서스

초판 1쇄 발행 2014년 10월 25일
2판 3쇄 발행 2018년 10월 5일

3판 1쇄 발행 2020년 8월 20일
3판 3쇄 발행 2022년 7월 12일

출판신고 1992년 4월 3일 제311-2002-2호
주소 10880 경기도 파주시 지목로 5
전화 (02)330-5500 팩스 (02)330-5555

ISBN 979-11-90927-34-5 13980

저자와 출판사의 허락 없이 내용의 일부를
인용하거나 발췌하는 것을 금합니다.
저자와의 협의에 따라서 인지는 붙이지 않습니다.

가격은 뒤표지에 있습니다.
잘못 만들어진 책은 구입처에서 바꾸어 드립니다.

www.nexusbook.com

ENJOY Local trip guide

ENJOY 국내여행

―

7

이번엔
울릉도·독도

―

장치은·장치선·이우형 지음

넥서스BOOKS

여는 글

자연의 시간이 머무는 섬,
울릉도 그리고 독도

- 울릉도는 묘한 여행지다. 울릉과 육지를 잇는 교통편이라고는 여객선이 유일한 까닭에 하늘이 바닷길을 열어 줄 때만 찾을 수 있는 쉽지 않은 섬이다. 변화무쌍한 바다 날씨는 출발 날짜를 지연시켜 애를 태우게도 하고 때론 섬에 갇히게도 한다. 울릉 여행의 일정은 내가 아닌, 하늘이 결정하는 셈이다. 자연에 순응할 수밖에 없게 만드는 여행지. 그래서 울릉 여행은 묘한 매력이 있다.

- 울릉도는 지난 2011년 세계적인 여행 전문지 론리 플래닛 매거진에서 꼽은 '세계 10대 비밀의 섬(10 Best Secret Islands Around The World)' 중 한 곳으로 선정되었다. 이어 세계적인 타이어 회사 미쉐린사가 발행하는 국제적 여행 안내서인 미슐랭 가이드와 미국 CNN TV에서도 눈도장을 찍었다. 울릉도에 대한 여러 찬사는 어쩌면 진부하다. 누구나 울릉도를 여행하고 나면 알게 될 것이다. '심플한 파라다이스', '세상이 천천히 돌아가는 것을 볼 수 있는 장소'라는 그들의 극찬이 전혀 넘치지 않았다는 것을.

- 울릉도의 매력은 문명의 색에 완전히 물들지 않은 자연 그대로의 자연이다. 인간이 만들어 낸 최대와 최고에 감탄하는 우리에게 울릉도는 자연이 보여 줄 수 있는 것, 들려줄 수 있는 것을 하나의 흠결 없이 보여 준다. 코발트블루빛 청량한 바다와 섬 전체를 휘감은 깎아지른 해안 절벽, 거칠고 역동적인 산자락이 품고 있는 깊고 울창한 숲, 바람이 빚어 낸 기암괴석과 향나무, 척박한 땅에서 질긴 생명력으로 피어나는 섬말나리와 섬백리향, 긴 시간 바람에 풍화되고 파도에 깎여도 굳건히 제자리를 지키고 있는 독도까지. 발길 닿는 곳곳마다 웅장하며 경이로운 아름다움으로

가득하다. 어느새 인간의 시간을 잊고 자연의 시간에 머물며 내 마음의 소리에 귀 기울이게 만드는 힘이 이곳 울릉에는 있다.

● 오랜 기간 머물며 울릉도의 곳곳을 이 책에 담고자 노력했지만 내가 마음에 담고 느낀 것들을 온전히 책에 다 담아내지는 못했을 게다. 그 여백은 이 책을 계기 삼아 울릉도로 떠날 독자의 몫이라고 생각한다. 울릉에서 충분히 위로를 받고 자유를 얻고 에너지를 얻길 소망한다. 동쪽 먼 바다 작은 섬이지만 충분한 매력으로 가득한 곳이니까.

● 이 책이 만들어지기까지 여러모로 도움을 주신 울릉군청 관계자 분들, 안동립 선생님, 울릉도매니아 김남희 팀장님, 울릉도굿투어 이재훈 사장님께 감사의 인사를 드린다. 그리고 한없이 게으른 작가를 믿어 주고 배려해 준 넥서스 출판사 관계자분들께 고마운 마음을 전한다.

● 마지막으로 낯선 육지 사람에게 따뜻한 친절을 베풀어 주시고 취재에 도움 주신 울릉 주민들과 항상 조건 없이 사랑해주고 아껴 주시는 가족들, 소중한 친구들에게 깊은 감사의 인사를 드린다.

장치은·장치선

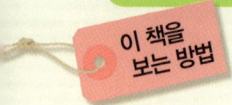

이 책을 보는 방법

미리 만나는 울릉도
누구나 일생에 한 번은 가 봐야 할 우리의 섬 울릉도의 기본 정보부터 다양한 맛과 멋, 즐길거리까지 미리 만나 본다.

추천 코스
울릉 여행 전문가가 추천하는 베스트 코스를 보면서, 자신에게 맞는 여행 일정을 꼼꼼하게 세워 보자.

지역 여행 울릉도를 울릉읍, 북면, 서면으로 나누어 자세한 여행 정보를 담았다. 울릉도의 다양한 매력을 느낄 수 있는 알짜 여행지들을 꼼꼼히 살펴보자.

맛집·숙소 지역의 특색이 고스란히 담긴 음식을 맛볼 수 있는 식당과 편안한 잠자리를 소개한다.

테마 여행 자연이 잘 보존되어 있는 울릉도를 제대로 즐기는 방법! 산을 오르고, 계곡을 따라 트레킹을 하고, 화려한 바닷속 경관을 즐기는 다양한 테마 여행을 소개한다.

여행 정보

여행을 떠나기 전, 일정을 짜고 여행을 준비하는 데 유용한 정보다. 울릉도로 들어가는 여객선 정보부터 울릉도 내 교통편까지 여행을 시작하기 전에 꼭 살펴보자.

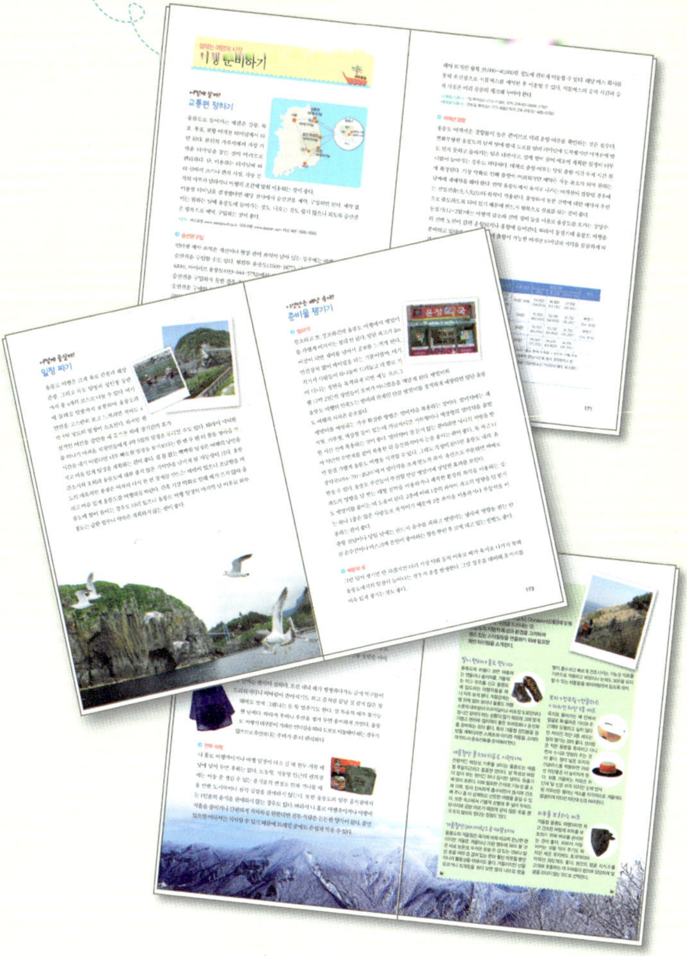

Notice

울릉도와 독도의 최신 정보를 정확하고 자세하게 담고자 하였으나 시시각각 변화하는 현지 사정에 의해 정보가 달라질 수 있음을 알려 드립니다. 또한 코로나19 여파로 관광지 상황이 수시로 변하고 있으므로 방문 전에 확인 바랍니다.

Contents

여는 글 • 4
이 책을 보는 방법 • 6

미리 만나는 울릉도

울릉 기본 정보 • 014
울릉 네 가지 키워드 • 016
울릉 8경 • 018
울릉 포토 포인트 • 020
울릉 축제 • 024
울릉 5미 • 026
울릉 쇼핑 • 029
울릉 사계 • 031

추천 코스

울릉도 1박 2일 코스 • 034
울릉도 2박 3일 코스 • 036
독도 마스터 코스 • 039
대자연 만끽 코스 • 041
자투리 시간 활용 코스 • 042
로맨틱 울릉도 코스 • 043

지역 여행

울릉읍 • 048
도동항, 도동 약수터, 독도 박물관, 독도 전망대&케이블카, 울릉 역사 문화 체험 센터, 행남 해안 산책로, 저동항, 촛대 바위, 봉래 폭포, 내수전 일출 전망대, 죽도, 사동

서면 • 078
통구미, 남양, 사자 바위와 투구봉, 남서 일몰 전망대, 학포, 태하, 성하신당, 대풍감 전망대, 태하 등대, 태하–향목 관광 모노레일, 태하 황토굴, 소라 계단과 태하 해안 산책로

북면 • 094
현포, 현포 전망대, 현포동 고분군, 현포 해양 심층수 공장, 울릉 예림원, 추산, 추산 몽돌 해수욕장, 코끼리 바위, 천부, 해중 전망대, 죽암, 삼선암, 선녀탕, 섬목, 관음도, 석포, 안용복 기념관, 석포 전망대, 정매화곡 쉼터, 나리 분지, 알봉 분지, 울릉국화·섬백리향 군락지, 성인봉, 신령수, 용출소

울릉의 특별한 숙소 • 124

낭만적인 하룻밤 캠핑 • 132

독도 • 134

톡톡 울릉도 · 독도 이야기

울릉도(鬱陵島)는 어떤 뜻이 담겨 있을까? • 054
저동 어판장 맛있게 즐기기 • 063
울릉도의 후박나무 • 071
울릉도의 3無 5多 • 087
빨간 등대와 하얀 등대 • 098
누구에게나 열려 있는 울릉 천국 • 101
울릉도의 향기가 물씬, 섬백리향 • 105
울릉도 앞바다에 보물선이 있다?! • 115
독도는 울릉도, 제주도보다 형님이라던데? • 138
독도의 바다사자, 강치를 아십니까? • 139

테마 여행

성인봉 등산 • 144
울릉 둘레길 트레킹 • 148
지질 탐험 • 153
울릉도 레저 • 160
스킨스쿠버 다이빙, 바다낚시, MTB, 산악 스키, 카누

여행 정보

여행 준비하기 • 170
교통편 정하기, 일정 짜기, 준비물 챙기기

울릉도 내 교통편 • 176
도보, 노선버스, 관광버스, 자가용,
렌터카, 택시, 유람선

긴 시간이 빚어낸 아름다운 자연과 소박한 사람들의 모습이
한 폭의 풍경화처럼 다가오는 동해의 섬 울릉도.
몇 번을 찾아도 늘 새롭고 매번 그리운
묘한 매력이 울릉도에 넘쳐난다.
여행이란 아는 만큼 즐기고 느낄 수 있는 법.
울릉도에서 놓쳐서는 안 될 다양한 멋과 맛을 미리 확인하자.

미리 만나는 울릉도

울릉도 알고 가자 **울릉 기본 정보**

울릉愛 빠지게 만드는 **네 가지 키워드**

울릉도에서 놓치지 말아야 할 **울릉 8경**

사진 잘 나오는 스폿 11선 **울릉 포토 포인트**

울릉의 매력을 제대로 즐기는 방법 **울릉 축제**

울릉도에서 꼭 먹어 봐야 할 **울릉 5미**

돈이 아깝지 않은 쇼핑 아이템 **울릉 쇼핑**

울릉의 4가지 멋에 취하다 **울릉 사계**

울릉도 알고 가자
울릉 기본 정보

1 위치 정보

동해에 위치한 섬 울릉도는 면적 72.89km²로 대한민국에서 9번째로 큰 섬이다. 동서 길이는 10km, 남북 길이는 9.5km, 섬 둘레는 56.5km에 이르며, 섬 면적의 76%는 임야, 18%는 농경지에 해당한다. 행정구역은 경상북도에 속하며 묵호에서 161km, 강릉에서 178km, 포항에서 217km 떨어진 곳에 위치한다. 1개의 읍(울릉읍)과 2개의 면(서면, 북면), 25개의 리로 이루어져 있으며 9,035명 (2021년 기준)의 주민이 울릉도에 거주하고 있다.

울릉도는 전형적인 해양성 기후로 여름은 시원하고 겨울은 따뜻하다. 연중 강수량의 40%가 겨울에 눈으로 내리는 대표적인 다설지인데, 눈이 많이 올 때는 3m 이상 쌓여 온 섬이 설국이 된다. 울릉도에 이처럼 눈이 많이 내리는 까닭은 북서풍의 찬 공기가 동해를 건너면서 따뜻한 해수의 수증기를 잔뜩 머금고 이동하다가 울릉도 산간 지역에 부딪혀 강제 상승하면서 냉각되기 때문이다. 이런 독특한 기후 때문에 울릉도에서만 볼 수 있는 우데기와 같은 고유한 가옥이 생겨났다.

2 지형과 기후

울릉도는 신생대 제3~4기에 화산 분출로 인해 형성된 화산섬이다. 울릉도를 만든 마그마는 점성이 강하고 유동성이 약해 제주도처럼 멀리 퍼지지 못하고 화구 주변에 화산 쇄설물, 화산재 등과 함께 지속적으로 쌓였다. 그 결과 종 모양의 급경사를 이룬 종상 화산의 형태를 띠게 되었다. 여러 번의 대폭발 후 화구가 함몰하면서 칼데라인 나리 분지가 만들어졌다. 그 후 또 다시 나리 분지 위로 용암이 분출하면서 알봉이 생겨나 울릉도는 이중 화산의 형태를 띤다.

우데기

겨울에는 설국~

3 산업 정보

울릉도를 비롯하여 관음도, 죽도, 독도 등 주변 섬이 내부분 바위섬이어서 경지 면적은 13.07km²로 군 전체 면적의 약 18%에 지나지 않는다. 논 면적은 4%로 남양 및 추산의 산 비탈면에서 약간 볼 수 있을 정도이다. 울릉도에서 생산되는 농작물은 주로 옥수수, 감자, 보리, 수수, 콩, 조 등의 밭작물이지만 식량 수요량의 10%에도 못 미치고 농업 생산액은 총생산액의 10% 정도이다.

특산물로는 울릉도의 자생 약초와 산나물을 먹여 사육한 울릉 약소를 비롯해 호박엿, 오징어, 돌미역이 있으며, 울릉도 산나물과 약초도 유명하다. 특히 북면에 있는 나리 분지는 동서 약 1.5km, 남북 약 2km의 유일한 평야이나 물이 부족하여 옥수수와 감자 재배가 주를 이루며 약초, 참깨 등의 특용 작물도 재배한다.

주민의 반 이상이 어업에 종사하고, 총생산액의 약 80%를 어업이 차지한다. 근해에는 동해 난류와 한류가 교차하여 회유성 어종이 풍부하다. 특히 오징어는 울릉도의 주 어획물이며, 꽁치, 새우, 미역, 김, 전복, 소라, 잡어 등이 잡힌다. 도동, 저동, 천부, 태하, 남양, 현포, 사동, 죽암 등의 어항이 있으나 개발된 저동항을 제외하면 모두 규모가 작다.

한편 독도는 거주가 어려우나 부근에는 고래, 상어, 오징어 등의 어족이 풍부하고, 주변 암초에는 물개, 다시마, 미역, 소라, 전복 등이 많이 서식하고 있어 중요한 어업 근거지이다. 그러나 일본 어선이 종종 침범하는 곳이기도 하다.

4 역사

울릉도에 최초로 사람이 거주하기 시작한 시기는 청동기 시대 또는 철기 시대 전기로 추정된다. 현포, 저동에서 발견된 지석묘와 무문토기, 갈판 등이 당시 선사 시대 사람들의 생활상을 엿볼 수 있는 증거가 되고 있다. 이후 울릉도의 초기 역사는 자세히 전해지지 않으나 246년 중국 위나라의 관구검이 고구려를 침략한 사실을 기록한 『위지(魏志)』에는 "동해에 또 하나의 섬이 있으나 언어가 통하지 않는다."라는 짧은 기록이 남아 있다.

울릉도가 우리 역사에 등장하게 된 시기는 신라 지증왕 때에 이르러서다. 동국여지승람에는 당시 울릉도는 우산국(于山國)이라 불렸고 우해왕(于海王)이 통치하고 있었는데, 지금의 강릉에 해당하는 하슬라주의 군주인 이사부가 우산국을 정벌했다고 기록하고 있다. 이것은 울릉도가 최초로 우리 역사 문

헌에 등장한 사건이며 남양의 사자 바위와 투구봉, 비파암 등이 우산국의 최후를 증언해 주고 있다.

조선 초기에는 잦은 왜구의 노략질로 섬 주민이 피해를 입자, 1416년(태종 16년) 조정은 섬 주민들을 본토로 이주시키는 공도 정책(空島政策)을 실시하였다. 그러나 부역을 피하거나 죄를 짓고 도망 오는 사람들, 또는 대한제국 말에 청일 전쟁과 동학 농민 운동 등의 어수선한 정세를 틈타 울릉도로 들어와 사는 사람들의 숫자가 꽤 되었다고 전해진다. 결국 1882년(고종 19년)에 조정은 이규원을 울릉도 감찰사로 임명하며 울릉도 개척령을 반포한다. 이에 1883년 54명의 이주민이 울릉도로 첫 이주하였다. 행정구역상으로는 맨 처음 강원도에 속해 있다가 경상남도를 거쳐 1914년 경상북도로 이속되었으며 1979년에 현재와 같은 울릉읍, 북면, 서면 1읍 2면 체제로 구축되었다.

5 교통 정보

서울과 수도권 등 충청 이북 지역에서는 강원도 강릉항이나 묵호항을 이용해 울릉도로 가는 것이 편리하다. 부산, 광주 등 충청 이남 지역에서는 경북 포항항에서 여객선을 이용하는 것이 좋다. 대개 오전에 울릉도로 향하고, 오후에 육지로 돌아오는 매일 1회 왕복 노선을 운영 중에 있으나 성수기에는 증편되기도 하고 겨울에는 선박 점검 등을 이유로 휴항에 들어가는 경우가 있으니 여행 출발 전 운항 여부를 꼼꼼히 따져 봐야 한다.

울릉도에서 독도로 가는 배는 4개 해운사가 매일 여객선을 배정하고 있지만, 기상 상황에 따라 운항 일정이 변경되기 때문에 해당 선사에 미리 문의하는 것이 좋다.

울릉愛 빠지게 만드는 네 가지 키워드

종종 "어느 여행지가 제일 좋았나요?"라는 질문을 받곤 하는데 가장 답하기 어려운 질문이다. 여행이란 지극히 주관적인 경험이니까. 나에게는 난생 처음 보는 아름다움이지만 누군가에게는 매일 보는 풍경이고 평범한 일상일 수 있다. 그래도 그 질문에 "혹시 울릉도 가 보셨나요? 저는 참 좋더라고요." 라는 대답을 할 수 있는 건 몇 번을 찾아가도 늘 새로운 울릉만이 주는 매력이 있기 때문이다. 계속 머물고 싶어지는, 그리고 또 찾게 되는 울릉의 매력을 소개한다.

1 내일의 바다

울릉의 바다는 여러 얼굴을 지녔다. 깨끗하고 상쾌한 물빛이다가도 돌연 파도가 몸부림치며 검은 바다가 되기도 한다. 청초하다가도 매섭고 차가우며 다시 너그럽고 평온하다. 종잡을 수 없으니 궁금하고 내일 바다의 얼굴이 더 기대된다.

2 오름의 미학

울릉은 다리품 팔아 오르고 또 올라야 진면목을 알 수 있다. 다리 뒤쪽 근육이 많이 당기는 만큼 당신은 울릉에 대해 더 많이 알게 될 것이다. 이게 무슨 울릉의 매력이냐고 반문할 수도 있겠지만 쉽지 않아 더 끌리고 그만큼 감동이 배가 된다. 목적지까지 천천히 오르며 숨을 헐떡이다 보면 지칠 줄 모르고 달리던 내 삶의 템포가 제 속도를 찾아가고 있는 느낌이 든다.

③ 자연, 그대로의 자연

때로는 인간이 만들어 낸 최고와 최대에 감탄하기도 한다. 그러나 자연이 빚어 놓은 그대로의 모습만큼 아름다운 것은 없는 것 같다. 울릉도는 자연의 속살을 그대로 보여 준다. 앞으로도 오랫동안 인간의 잣대에 상처 입지 않고 자연의 이치를 따르는 선물로 남아주기를.

④ 설국(雪國), 겨울의 울릉

울릉의 겨울은 얄궂다. 섬을 스치는 겨울 찬바람과 거친 파도는 사흘만 묵고 오겠다는 일정을 엿새까지 늘어나게도 한다. 발이 묶여 속이 타다가도 고요하고 수줍게 눈 내리는 풍경을 보고 있노라면 조급함과 불안도 그 속도를 따라 슬며시 사라진다. 한 번 내렸다 하면 몇 미터씩 쌓인다 할지라도 원 없이 눈 구경을 하고 싶다면 바로 겨울의 울릉이다.

울릉도에서 놓치지 말아야 할 울릉 8경

울릉도를 완벽하게 이해하고 싶다면 울릉 8경을 놓치지 말 것. 긴 시간이 빚어낸 아름다움과 자연을 닮아 소박하게 살아가는 사람들의 모습은 한 폭의 풍경화처럼, 때로는 한 편의 서정시처럼 다가온다.

1 알봉홍엽 紅葉
알봉의 불타는 단풍. 쪽빛 하늘 아래 거침없이 타오르는 알봉의 단풍은 붉디붉어 황홀하다.

2 도동모범 道洞暮帆
해 질 녘 도동항을 출발하는 배들의 줄어 행렬이 장관이다. 붉게 물든 석양 사이로 만선의 꿈을 싣고 배는 육지를 떠난다.

3 추산용수 雛山湧水
추산에 솟아나는 생명수. 힘차게 용솟음치는 추산의 물줄기에서 울릉도의 생명력을 엿본다.

4 저동어화 苧洞漁火

저동항에서 바라본 오징어잡이 배의 환한 불빛. 깊고 짙은 바다의 어둠을 밝히는 오징어잡이 배의 집어등은 바다의 꽃이자 바다 위를 나는 반딧불이다.

5 장흥망월 長興望月

사동 하늘에 뜨는 달. 늦은 밤 사동의 하늘에 달빛이 서리면 차가운 바다에 희망이 뜬다.

6 남양야설 南陽夜雪

겨울철 달밤 남양의 설경. 세찬 겨울 바람을 머금은 남양의 눈꽃은 황홀하며 눈부시다.

7 태하낙조 台霞落照

바다와 섬들이 만들어 낸 태하 낙조의 향연. 태하의 저녁빛은 붉고 또 붉어 장엄하다. 하루를 내려놓고 내일에 대한 기대와 희망을 이야기하는 시간.

8 나리금수 羅里錦繡

절경에 취하고 단풍에 반한 나리 분지의 단풍. 가을 나리 분지는 자연의 힘으로 한 땀 한 땀 수놓은 붉은 비단빛이다.

사진 잘 나오는 스폿 11선
울릉 포토 포인트

울릉도는 전문 포토그래퍼들에게 인기가 많은 곳이다. 변화무쌍한 날씨와 험한 산악 지형이 크게 문제되지 않을 만큼 프레임 안에 멋진 절경을 담아낼 수 있다. 울릉 천혜의 자연을 잘 담아낼 수 있는 포토 포인트 11군데를 소개한다.

❶ 독도 전망대케이블카
도동에 위치해 맑은 날에는 저 멀리 독도까지 한눈에 내려다보인다. p.56

❷ 행남해안산책로
해식 동굴과 절벽 사이사이를 연결한 교량 너머 코발트빛 해안이 아름답다. 특히 일출 명소로 꼽힌다. p.58

❸ 해안일주 도로
청량한 동해 바다와 삼선암, 사자 바위, 코끼리 바위 등 우뚝 솟은 기암들이 각자 제 모습을 뽐낸다.

울릉도 일주

❹ 저동항
포구의 매력을 한껏 느낄 수 있는 곳으로 국내 다른 항구와는 달리 이색적인 느낌이 강하다. 특히 촛대 바위 옆으로 떠오르는 일출이 장관이라 일출 명소로 손꼽힌다. 새벽녘 조업을 마친 오징어잡이 배들의 모습도 카메라에 담아 보자. p.62

5 나리 분지 전망대

울릉도에서 유일하게 넓은 평지를 볼 수 있는 곳으로, 울릉도의 다채로운 사계절 풍경을 담아낼 수 있는 포토 포인트다. 겨울에는 눈 덮인 설경을 찍기에 좋다. **p.116**

6 천부 마을

해가 지고 난 뒤 천부항의 야경이 아름다워 야경 사진을 찍으려는 사진작가들에게 인기가 좋다. **p.104**

7 도동 등대

행남 마을의 대나무 숲 터널을 통과하면 그 끝자락에 도동 등대가 있다. 도동과 저동, 성인봉까지 시원하게 내려다보인다. **p.58**

9 추산
에메랄드빛 울릉도 앞바다가 코앞에 내려다보이고 일출과 일몰이 아름답다. p.102

8 대풍감 전망대
깎아지른 울릉도의 바위들과 동해 바다가 한눈에 내려다보이는 곳. 바다가 햇살에 물들어 반짝반짝 빛나는 모습을 담아낼 수 있다. p.89

10 남양마을
남양은 해양수산부가 선정한 아름다운 어촌 마을 중 한 곳이다. 남양 터널에서 바라보는 노을 풍경이 멋있어 최고의 출사지로 꼽힌다. p.82

11 내수전 일출 전망대
해맞이 명소로, 일출 사진을 찍기에 안성맞춤인 곳이다. 저동항과 촛대 바위는 물론 행남 해안 산책로까지 조망할 수 있다. 반대편으로는 죽도, 섬목과 연결된 관음도도 시원하게 보인다. p.66

울릉도를 한눈에!

울릉의 매력을 제대로 즐기는 방법
울릉 축제

여행지의 맛과 멋을 제대로 즐기려면 축제만 한 게 없다.
특히 울릉도는 사계절 축제가 다채롭다.
다양한 축제를 통해 다른 곳에서는 만날 수 없는 독특한 경험과
계절에 따라 변화하는 울릉의 멋을 마음껏 즐겨 보자.

축제 문의 전화 울릉군청 문화관광체육과 054-790-6374

봄
산나물 축제
울릉도의 봄은 육지의 봄보다 다소 늦게 찾아온다. 이 때문에 채 녹지 않은 눈밭에서 울릉도의 산나물이 자란다. 매월 4~5월경에는 산나물의 봄 내음을 만끽하는 산나물 축제가 열린다. 더덕 캐기와 산나물 요리 경연 대회, 산나물 채취 체험 프로그램 등이 열린다.
시기 4월 중순~5월 초
장소 나리 분지 일대

여름
오징어 축제
2001년 시작된 울릉도의 오징어 축제는 울릉 최대의 축제로 매년 8월 개최된다. 오징어와 더불어 살아가는 울릉도인 만큼 울릉도의 비경을 배경으로 푸른 동해 바다에서 오징어를 잡아 보고, 오징어 건조 과정을 체험하는 것은 물론 오징어 요리를 맛볼 수 있는 체험까지 오징어를 폭넓게 즐길 수 있는 행사가 이어진다. 축제의 첫날 무탈한 만선을 기원하는 풍어 기원 제례를 시작으로 3~4일간 이어지는 축제는 가장 울릉답고 활기찬 축제다. 오징어 맨손 잡기, 오징어 요리 경연 대회 등의 참여를 희망하는 여행자는 축제 전 전화로 접수하면 된다.
시기 8월 초
장소 저동 어판장 일대, 천부 해양 공원 등(프로그램에 따라 다름)

오징어 잡기 달인!!

해변 가요제

뜨거운 여름밤의 낭만을 느낄 수 있는 가요제이다. 관광객뿐 아니라 울릉 주민들의 참여율도 높다. 아마추어 노래 자랑, 연예인 초청 공연, 장기 자랑 등의 프로그램이 운영된다. 특히 무대 주변에서는 시원한 바닷바람을 맞으며 오징어 회를 먹을 수 있는 야외 회 센터가 마련된다. 밤에는 불꽃놀이도 열려 한여름 밤의 향연이 펼쳐진다.

시기 8월 초
장소 저동항 일대

독도 지키기 마라톤 대회

지난 2005년부터 개최된 독도 지키기 마라톤 대회는 울릉도에서 개최되는 유일한 풀코스 마라톤 대회이다. 독도가 한국의 영토임을 전 세계에 알리고 국민들에게 독도 사랑을 다시금 되새기는 의미 있는 레이스인 까닭에 해마다 많은 각계각층이 대회에 참가하고 있다. 대외의 심은 의미만큼 내외 코스도 일품이다. 사동에서 출발하여 구암까지 해안선을 따라 달리는 코스는 여느 유수의 마라톤 대회 못지않은 코스를 보여준다. 42.195km의 풀코스와 하프코스, 10km, 5km 코스가 있으며 입상자에게는 트로피와 상금이, 참가자 전원에게는 기념품이 지급된다. 현장 접수는 받지 않으므로 미리 신청해야 참가가 가능하다.

시기 8월 말
장소 사동에서 구암까지
문의 한국마라톤여행기획 1644-4219

우산 문화제

울릉도의 옛 이름은 우산국이었다. 매해 9~10월에 열리는 우산 문화제는 울릉도의 전통 문화를 재조명하는 축제다. 우산제전, 향토 음식 시기회, 길동 달기, 옛길 산행 등의 행사가 열린다.

시기 9월 말~10월 초
장소 도동항 일대

겨울 - 산악 스키 페스티벌, 눈꽃 축제

울릉도의 겨울은 눈과 산을 사랑하는 사람들에겐 천국이나 다름없다. 울릉도는 전국에서 최고의 적설량을 자랑한다. 성인봉 정상에서 나리 분지까지의 설경은 울릉도 겨울 여행의 핵심이다. 매년 1월 산악 스키 페스티벌이 열려 산악 스키 마니아들이 이곳을 찾는다. 이때쯤이면 성인 무릎 높이까지 눈이 쌓인다. 눈썰매 타기와 눈사람 만들기, 스노 슬라이딩, 대나무 스키 타기, 설피 신고 걷기 등의 체험도 가능하다.

시기 1월 중순~2월 중순
장소 나리 분지, 성인봉 일대

겨울에는 눈꽃 축제죠.

울릉도에서 꼭 먹어 봐야 할 울릉5미
鬱陵五味

천혜의 자연환경을 자랑하는 울릉도의 음식은 소박하고 서민적이다. 험준한 자연환경에 맞서 생긴 근검절약 정신이 음식에도 묻어난다. 하지만 부족하지 않다. 화려한 기교와 모양새는 없지만 신선한 식재료에서 나오는 자연의 맛이 일품이다. 특히 울릉도에는 울릉오미(鬱陵五味)로 불리는 5가지 특별한 맛이 있다.

울릉 약소를 더 맛있게 먹는 법
울릉 약소는 본래의 고기 맛을 살리기 위해 양념이나 숙성을 하지 않고 바로 구워 먹는 게 좋다. 갓 잡은 생고기를 얇게 썰어 살짝 익혀 먹어야 맛있다. 특히 울릉도 특산물인 명이절임과 함께 싸 먹으면 일품!

① 산채와 약초를 먹고 자란 울릉 약소

울릉 약소는 울릉도에서 자생하는 산채와 약초를 먹고 자라 육질이 좋고 약초 특유의 향이 육질에 배어 있어 맛이 풍부하다. 이 때문에 육지의 소보다 훨씬 높은 값에 거래되고 있다. 울릉 약소는 육지 쇠고기에 비해 육질의 붉은빛이 선명하고 비교적 질기다. 입에서 부드럽게 살살 녹는 고기 맛을 상상한 여행자들은 다소 낯선 풍미에 당황하게 되지만 씹을수록 약소 본연의 고소하며 깊은 맛을 느낄 수 있다.

② 깊은 산자락의 맛을 담은 산채 비빔밥

산 깊고 물 좋은 곳에서 대표적인 먹을거리로 꼽히는 산채 비빔밥. 흔한 음식이지만 울릉도의 산채 비빔밥은 육지의 그것과는 다르다. 울릉의 산나물은 약초로 불린다. 비옥한 토양에서 싹을 틔워 깨끗한 물을 머금고 소금기 섞인 해풍을 맞으며 자라난 울릉의 산나물은 향이 풍부하고 식감이 독특하다. 대표적인 산나물로는 전호, 취나물, 섬쑥부쟁이(부지갱이나물), 삼나물, 명이, 고비, 땅두릅 등이 있다. 산채 비빔밥은 약초와 다름없는 울릉의 산나물을 한데 넣고 맛을 즐길 수 있으니 최고의 웰빙 음식이라 할 만하다.

③ 입에 착 달라붙는 호박엿

울릉도 하면 호박엿이다. 울릉도 호박은 과육이 두껍고 무겁다. 육지에서는 호박엿을 만들 때 옥수수 가루에 엿기름을 넣고 삭히는 반면 울릉도 호박엿은 옥수수를 밥처럼 쪄서 자루에 담아 짜낸 뒤 엿기름을 넣고 달이는 방식이다. 이 때문에 치아에 달라붙지 않는 부드러운 호박엿을 맛볼 수 있다. 배를 탈 때 이 호박엿을 물고 있으면 멀미를 하지 않는다는 설도 있다. 호박엿 외에도 호박 빵, 호박 식혜 등도 별미다.

선물용으로 최고!!

④ 쫄깃한 바다의 맛, 홍합밥

간혹 울릉의 홍합을 육지의 홍합과 비교하는 여행자들이 있는데 울릉의 홍합은 때깔부터 다르다. 우선 울릉의 홍합은 다른 지역보다 크기가 크고 속살은 붉은빛을 내며, 육질이 쫄깃쫄깃하다. 수심 20m 이상의 깊은 바다에 서식해 해녀들이 잠수를 해서 손으로 직접 딴다. 울릉의 홍합은 완벽한 자연산인 셈이다. 또한 삶으면 살이 하얘지고 푸석해지는 다른 지역의 홍합과 달리 밥을 지어도 색깔과 탄력이 사라지지 않는다. 홍합밥은 탱글탱글한 홍합을 넣고 갓 지은 밥에 김과 양념장을 곁들여 먹는 울릉도의 별미다. 홍합의 고소하고 담백한 맛이 일품이며 여기에 울릉의 산나물을 곁들이면 향긋함이 어우러져 맛이 배가 된다.

⑤ 버릴 것 하나 없는 영양식, 오징어

울릉도 오징어는 깊고 맑은 청정 해역에서 잡히므로 중금속 오염 등의 위험과는 거리가 멀다. 살이 통통하게 올라 육질이 두껍고 맛이 고소하다. 울릉도 오징어잡이는 8~11월이 제철인데 수온 변화에 의해 5~6월부터 잡히기 시작하는 해도 있다. 오징어잡이가 한창일 때 울릉도에 들렀다면 반드시 오징어를 맛봐야지 후회가 남지 않는다. 오징어의 맛을 제대로 느끼려면 회로 먹는 게 좋다. 도동이나 저동의 노점 횟집에서 아주머니의 신들린 손놀림으로 막 썰어 주시는 오징어 막회는 초고추장에 소주 한잔과 먹으면 최고의 마리아주(배합)다. 육지에서는 맛보기 힘든 오징어 내장탕도 구수하고 시원하다. 오징어가 흔한 울릉도답게 명절 음식으로 오징어 튀김을 많이 한다.

살이 통통한 오징어!

그 밖의 울릉의 맛들

★시원한 바다향기, 따개비 칼국수

울릉도에서는 일반 칼국수보다는 따개비 칼국수를 많이 먹는다. 따개비는 밀물 때마다 물에 잠겨 바위나 암초에 붙어 사는 절지동물이다. 육지의 따개비는 크기도 작은데다 특별한 맛도 없어 요리의 재료로는 쓰이지 않는다. 그러나 울릉 따개비는 육지 따개비에 비해 몸통이 크고 육질이 쫄깃하다. 식감이 전복과도 비슷하고, 시원하고 깊은 국물이 우러나와 따개비 칼국수는 속을 시원하게 풀어 주는 해장용으로 딱이다.

해장에 굿~!

★입안에 부드럽게 감기는 명이

울릉도 식탁에 빠지지 않는 음식은 명이다. 최근에는 육지에서도 명이를 재배하는 농가가 늘어나고 있는 추세지만 울릉 명이는 거의 순 자연산으로만 유통된다. 따라서 맛과 향, 영양이 월등하다. 명이는 자랄수록 잎이 질기고 매운맛이 강해 이른 봄 눈 속에서 돋아난 어린잎만 먹는데, 채취 과정이 녹록치 않다. 절임이나 김치, 물김치 등으로 요리해 많이 먹는다. 명이의 본래 이름은 산마늘이다.

밥도둑~!

명이빵과 명이 국수
명이빵, 명이 젤리, 명이 국수 등 명이를 다양하게 가공한 식품들도 선보이고 있다. 특히 달고 부드러운 명이빵은 여행자들에게 가장 반응이 좋다.

★먹으면 힘이 솟는 더덕

도동·저동항 등에서 육지로 나가는 배를 타려고 기다리다 보면 여기저기에서 더덕 주스와 생더덕을 파는 아주머니들을 볼 수 있다. 울릉 더덕은 몇 차례 TV에도 등장했을 만큼 그 맛과 향, 효능이 우수하다. 울릉도 더덕은 육지 더덕에 비해 심이 없어 부드럽고 아린 맛이 없는 걸로 유명하다. 유기물의 함량도 높다. 배를 많이 타야 하는 울릉도 사람들은 우유에 소금을 약간 넣고 더덕을 갈아 공복에 마신다. 더덕 주스가 배멀미에 특효약이라는 이유에서다.

더덕 주스가 별미!

돈이 아깝지 않은 쇼핑 아이템
울릉 쇼핑

울릉도에는 육지에서 쉽게 찾아볼 수 없는 아이템이 즐비하다. 천혜의 자연환경에서 탄생한 상품들은 가격도 저렴하고 선물하기에도 안성맞춤이다. 여행에서 돌아오는 길, 저자의 배낭을 가득 채운 핫 아이템들을 소개한다.

① 호박엿과 호박빵

울릉도 호박엿의 종류도 여러 가지다. 일반 가락엿, 호박물엿, 호박범벅엿 등이다. 떡에 함께 찍어 먹으면 좋은 호박조청과 호박고지를 갈은 가루로 만든 호박빵도 인기다. 경주의 황남빵과 비슷한 모양이다.

달콤한 호박빵!

② 해양심층수 생수, 소금

울릉도의 물맛은 깊고 깨끗하기로 유명하다. 울릉도 해양 심층수는 태양광이 도달하지 않는 깊은 수심의 바닷물에서 취수하여 생수를 만든다. 유기 영양소와 미네랄이 풍부한 소금도 판매한다.

③ 섬백리향화장품

울릉도에만 자식하는 식물인 섬백리향을 이용해 만든 화장품이다. 향기가 100리까지 간다고 해 울릉도 뱃사람의 길잡이 역할을 했다. 섬백리향 향수와 선크림, 비비크림, 바디용품 등은 천연 식물성 원료로 만들어 피부에 자극적이지 않다. 북면에 섬백리향 가공 및 전시관이 위치해 있어 간단한 체험을 할 수 있다.

④ 우산 고로쇠

울릉도의 우산 고로쇠는 육지의 것과는 달리 홍삼의 사포닌 맛이 나면서 달다. 농도가 짙고 여러 무기질 성분이 함유되어 있다. 일반 생수에 비해 칼슘과 마그네슘의 함량이 월등히 높다. 이 때문에 울릉도 고로쇠물을 마시다 다른 고로쇠를 마시면 맹물을 먹는 것 같은 느낌이 든다. 매년 2~3월이면 나리 분지를 중심으로 우산 고로쇠 채취가 한창이다.

믿고 마실 수 있어요!

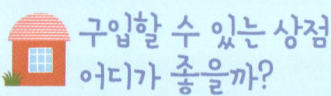# 구입할 수 있는 상점, 어디가 좋을까?

반건조 오징어, 호박엿, 호박빵, 명이빵 등은 부피가 크지 않아 가방 속에 한두 개쯤 넣어도 무리가 없지만 명이절임이나 우산 고로쇠 등 무게와 부피가 다소 나가는 물품 등은 택배 주문하는 것도 좋다. 택배비가 육지보다 좀 더 들긴 하지만 울릉도의 맛을 육지에서도 느껴 볼 수 있기에 돈이 아깝지 않다. 해상 상황에 따라 배송일이 조금 늦어질 수 있다는 점도 감안하자.

- 울릉 둥글호박엿 공장 054-791-2406 (호박엿 판매)
- 호박엿 직판장 도동 마트 054-791-3215 (호박엿, 취나물, 부지갱이, 삼나물, 참고비, 산나물 등)
- 울릉도 호박엿 공장 054-791-6812 (호박엿 판매)
- 영광상회 054-791-5757 (오징어, 호박엿, 삼나물, 더덕, 돌미역, 돌김 등)
- 덕성상회(수협 위판장) 054-791-3474 (오징어, 참고비, 삼나물, 명이절임, 전호절임 등)
- 나리상회 054-791-0211 (오징어, 호박엿, 더덕, 명이나물, 미역, 마가목술 등)
- 호박엿, 오징어 직매장 054-791-3843 (호박엿, 오징어, 산나물, 미역, 돌김, 삼백초 등)
- 기관상회 054-791-3614 (더덕, 산나물, 오징어, 호박엿 등)
- 울릉상회 054-791-0670 (오징어, 산나물, 명이, 돌미역 등)
- 만덕상회 054-791-2076 (호박엿, 오징어, 미역, 산채 등)
- 동진상회 054-791-3051 (호박엿, 돌미역, 명이장아찌 등)
- 대복상회 054-791-3302 (호박엿, 오징어 등)
- 한일상사 054-791-3646 (오징어, 산나물, 돌미역, 돌김 등)
- 공원상회 054-791-3805 (오징어, 산나물, 돌미역, 호박엿 등)
- 울릉 도매 식품 054-791-0026 (마른오징어, 호박엿, 돌미역, 문어, 명이절임, 참고비, 삼나물, 미역취, 부지갱이나물, 호박 젤리 등)
- 뿌리깊은나무 054-791-6117 (우산 고로쇠, 고비, 천궁, 삼나물 등)

울릉도는 변수가 많은 여행지다. 일단 드나드는 것도 쉽지 않지만
그날의 바람, 혹은 파도에 따라 일정이 예상과 다른 방향으로 흘러가는 경우가 많다.
따라서 울릉도 여행은 마음을 비우고 하늘의 뜻에 따라 움직이는 편이 가장 현명하다.
가장 기본적인 일정별 코스부터 대자연 만끽 코스와 같은 테마 여행 코스, 잠깐의 짬을 내어
이용할 수 있는 자투리 코스 등 울릉도의 매력을 요모조모 느낄 수 있는 일정을 제안한다.
바다와 하늘이 잘 도와 주어 본 일정대로 여행을 즐길 수 있으면 좋겠지만
혹여 그렇지 못하더라도 너무 실망하지는 말자.
의외로 예상치 못한 변수가 여행을 더 흥미롭고 다채롭게 만들기도 하니까.

★ 출입항하는 항구에 따라 또는 계절과 날씨의 영향에 따라 일정은 변동될 수 있다.

추천 코스

울릉도의 핵심 비경만 콕콕 **울릉도 1박 2일 코스**
알짜배기 울릉도를 즐기자 **울릉도 2박 3일 코스**
애국심 고취를 위한 **독도 마스터 코스**
신비의 섬 울릉도를 품다 **대자연 만끽 코스**
일정 중 짬짬이 즐기자 **자투리 시간 활용 코스**
연인들의 소중한 추억을 위한 **로맨틱 울릉도 코스**

짧고 굵게 울릉도의 핵심 비경만 콕콕
울릉도 1박 2일 코스

*본 일정은 저동항 입출항/숙소 기준

첫째 날

저동항 도착
두근두근 울릉도 여행 시작!
p.62

→ 버스 50분 →

광장반점(점심)
울릉도의 차이나타운에서 맛보는 옛날 자장면. p.93
위치 북면 태하
추천 메뉴 자장면, 탕수육

→ 도보+모노레일 30분 →

대풍감 전망대
한국 10대 비경으로 꼽힌 대풍감은 절대 놓쳐서는 안 될 비경. p.89
tip 주변의 황토굴, 태하 해안 산책로 등도 함께 돌아보자.

↓ 도보+버스 50분

행남 해안산책로
우 바다, 좌 해식 동굴. 파노라마처럼 펼쳐지는 해안 산책로는 발 닿는 곳마다 눈길 가는 곳마다 감탄을 자아낸다. p.58
tip 도동에서 시작하여 숙소가 있는 저동항까지 산책하는 코스가 좋다. 숙소가 도동에 있는 경우는 반대의 코스로 진행한다.

→ 도보 8분 →

저동 어판장(저녁)
울릉도에 왔으니 바다를 배경 삼아 회 한 접시에 가볍게 소주 한잔! p.63
위치 울릉읍 저동 여객 터미널 인근
추천 메뉴 오징어회, 독도새우

→

숙소

싱싱한 회에 소주 한잔! 캬~

둘째 날

버스
+유람선
50분

도보
+유람선
30분

집으로

봉래 폭포
시원하게 쏟아지는 3단 폭포는 답답한 가슴을 뻥 뚫어 준다. **p.65**
tip 서울집에서 진한 호박 식혜 한잔! **p.77**

관음도
관음도 연도교 아래 시리도록 투명한 바다 물빛을 보지 못했다면 울릉도 여행을 했다고 말할 수 없다. **p.110**
tip 관내버스로도 이동 가능하나 최단 시간으로 관음도까지 이동하는 방법은 섬목페리호를 이용하는 것이다.

황소 식당(점심)
깔끔하고 푸짐한 홍합밥을 맛볼 수 있다. **p.76**
위치 울릉읍 저동
추천 메뉴 홍합밥, 따개비 칼국수

알짜배기 울릉도를 즐기자
울릉도 2박 3일 코스
*본 일정은 도동항 입출항/숙소 기준

첫째 날

도동항 도착
두근두근 울릉도 여행 시작!
p.52

도보 5분 →

두꺼비 식당(점심)
자극적이지 않고 든든하게 속을 채워 주는 집 밥 같은 밥상이 차려진다. **p.73**
위치 울릉읍 도동
추천 메뉴 따개비밥

도보+버스 1시간 10분 →

해중 전망대
수심 6m 바다 풍경은 어떤 모습일까? **p.106**
tip 에메랄드빛 바다 위의 구름다리는 이국적인 느낌을 주는 포토존이다.

도보+버스 25분 ↓

울릉 천국
주옥같은 명곡으로 60~70년대를 풍미한 세시봉 가수인 이장희의 집. **p.101**
tip 때때로 울릉 천국 앞마당에서 이장희의 공연이 펼쳐지기도 한다.

도보 20분 →

예림원
자연과 조화를 이루는 문자 조각 작품들을 만나 볼 수 있다. **p.100**
tip 예림원 전망 데크는 코끼리 바위를 비롯해 현포항까지 모두 내려다보이는 최고의 포토존이다.

도보+버스
25분

도보+버스
50분

🏠
숙소

대풍감 전망대
황토보다 붉고 아름답기로 유명한 태하의 저녁노을을 볼 수 있다. **p.89**
tip 주변의 황토굴, 태하 해안 산책로 등도 함께 돌아보자.

바다횟집(저녁)
탱글탱글하고 싱싱한 자연산 활어회를 맛보자. **p.74**
위치 울릉읍 도동
추천 메뉴 모듬회 스페셜, 오징어회

둘째 날

등반 소요 시간
약 3~5시간

성인봉
울릉도의 시작이자 중심인 성인봉에서 건강한 자연의 기운을 느껴 보자. **p.120**
tip 성인봉 원시림에는 울릉도 특산 식물과 고비 등의 양치식물이 꽉 들어차 영화 속 쥬라기 공원 느낌을 물씬 풍긴다.

야영장식당(점심)
울릉도 주민들과 가이드도 인정한 푸짐하고 맛 좋은 산채 비빔밥을 맛보자. **p.123**
위치 북면 나리 분지
추천 메뉴 산채 비빔밥

도보 10분

도보 + 버스
1시간

나리 분지
울릉도 유일의 평지. 한겨울 폭설을 이겨 낸 투막집과 너와집에서 울릉도 주민들의 지혜를 엿볼 수 있다. **p.116**

관음도
관음도 연도교 아래 시리도록 투명한 바다 물빛을 보지 못했다면 울릉도 여행을 했다고 말할 수 없다. **p.110**

도보+버스
+유람선
45분 → 도보 7분 →  →  숙소

작은밥상(저녁)
부드러우면서도 쫄깃한 울릉도 오징어와 특제 소스로 맛을 낸 오징어불고기로 밥 한 그릇도 뚝딱! p.72
위치 울릉읍 도동
추천 메뉴 산오징어불고기, 해물밥

해수탕사우나
빡빡한 하루 일정으로 인한 피로를 찜질방에서 풀어 보는 것도 좋은 방법이다. 한결 몸이 가벼워진다. p.165

셋째 날

 유람선 +도보 25분 →  도보 5분 → 집으로

죽도
죽도록 잊지 못할 여행지. 사계절 다른 그림을 그려 낸다. p.68
tip 죽도의 더덕 주스는 아린 맛이 없고 부드럽기로 유명하다. 한 잔은 꼭 마셔 볼 것!

향토 식당(점심)
울릉도의 마지막 맛으로 기억되어도 전혀 후회가 없을 기가 막힌 물회를 맛볼 수 있다. p.74
위치 울릉읍 도동
추천 메뉴 물회, 홍합밥

행남해안산책로
전국에 많은 길들이 있지만 이만큼 자연과 가까운 길은 없을 것이다. 쪽빛 바다 위를 걷는 것 같은 묘한 기분에 빠진다. p.58

죽도록 잊지 못할 여행지

쪽빛 바다 위를 걷는 것 같은 묘한 기분

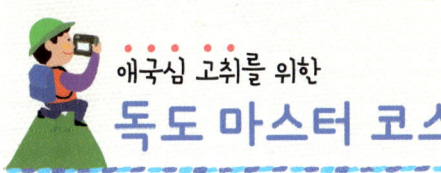

애국심 고취를 위한
독도 마스터 코스

*본 일정은 저동항 입출항/숙소 기준

첫째 날

저동항 도착
두근두근 울릉도 여행 시작!
p.62

도보 8분 →

번개 분식(점심)
울릉도에서만 맛볼 수 있는 별미 중의 별미. 부지갱이 김밥을 맛볼 수 있다. p.76
위치 울릉읍 저동
추천 메뉴 부지갱이 김밥

도보 + 선박 3시간 40분 →

독도
이름만 들어도 가슴 벅찬 뭉클함이 있는 우리의 땅이다.
p.136
tip 저동항을 통해 입항했다면 저동항에서 출항하는 독도행 선박을 이용하는 편이 여러모로 편리하다.

도보+선박+버스 3시간 50분

행남해안산책로
용암과 파도가 만들어 낸 절경이 끝도 없이 펼쳐진다. 풍경에 취해 걷다 보면 긴 항해로 인한 피로가 말끔히 씻겨 내려간다. p.58
tip 도동에서 시작하여 숙소가 있는 저동항까지 산책하는 코스가 좋다. 숙소가 도동에 있는 경우는 반대의 코스로 진행한다.

도보 8분 →

옛날기사식당(저녁)
집 밥처럼 깔끔하고 정갈한 식단이 든든한 저녁 식사로 좋다. p.75
위치 울릉읍 저동
추천 메뉴 홍합밥, 백반

숙소

집 밥처럼 정갈한 식단

둘째 날

독도 박물관
국내 유일의 영토 박물관으로 독도가 우리의 고유 영토임을 증명하는 문서와 지도 등의 자료들이 전시되어 있다. **p.55**

도보 5분 →

독도 전망대 & 케이블카
도동항 전경과 쪽빛 동해 바다가 한눈에 보이고, 날씨가 좋은 날에는 독도까지 볼 수 있다. **p.56**

도보 3분 ↓

도동 약수터
톡 쏘는 탄산 철분 약수가 콸콸! **p.54**

말풍선: 씁쓸하면서도 톡 쏘는 천연 사이다

도보 15분 →

돌섬 식당 (점심)
울릉도 해역에서 자생한 따개비로 시원하고 얼큰하게 끓여 낸 따개비 칼국수는 육지로 돌아와서도 생각난다. **p.72**

위치 울릉읍 도동
추천 메뉴 따개비 칼국수

도보 10분 ↓

울릉 역사 문화체험 센터
울릉도와 독도의 근현대사를 한눈에 볼 수 있는 작은 박물관이다. **p.57**

tip 입장료에 음료 값이 포함되어 있으니 편안하게 차 한잔 즐기기에도 좋다.

→ 집으로

신비의 섬 울릉도를 품다
대자연 만끽 코스

*본 일정은 도동항 입출항/숙소 기준

해상 유람선
울릉도 해안 절경의 빛깔과 질감을 제대로 감상할 수 있는 가장 좋은 방법이다. **p.182**
tip 울릉도 해안을 오른쪽에 끼고 시계 방향으로 한 바퀴 돌아오는 코스다.

도보+버스 1시간 10분 →

해중 전망대
수심 6m 바닷속 풍경은 어떤 모습일까? **p.106**
tip 에메랄드빛 바다 위의 구름다리는 이국적인 느낌을 주는 포토존이다.

도보 5분 →

신애 분식 (점심)
따개비 칼국수의 원조, 정수를 맛보다. 예약 필수. **p.122**
위치 북면 천부
추천 메뉴 따개비 칼국수

도보+버스 40분 ↓

석포 전망대
울릉도에서 유일하게 일출과 일몰을 모두 바라볼 수 있는 전망대다. **p.114**
tip 울릉도 3대 비경인 코끼리 바위, 관음도, 삼선암을 한눈에 담을 수 있는 전망 포인트.

도보 15분(입구까지) →

호젓하고 아름다운 숲길

내수전-석포 옛길 트래킹
옛날 울릉도 주민들이 걸어서 왕래하던 옛길이다. 호젓하고 아름다운 숲길로 이 길을 걷던 울릉 주민들의 애환과 여정이 곳곳에 남아 있다. **p.151**

도보 25분(종점에서 전망대까지) ↓

내수전 일출 전망대
꼭 일출이 아니더라도 저동항과 행남 등대, 죽도와 관음도를 비롯해 시원한 동해 바다를 한눈에 담을 수 있다. **p.66**

도보+버스 45분 →

행남해안산책로
전국에 많은 길들이 있지만 이만큼 자연과 가까운 길은 없을 것이다. 쪽빛 바다 위를 걷는 것 같은 묘한 기분에 빠진다. **p.58**

→
숙소

일정 중 짬짬이 즐기자
자투리 시간 활용 코스

해뜰녘

도보 5분 →

도보 1분 →

저동항
오징어가 제철일 때 저동항의 새벽녘은 분주하다. 밤새 불을 밝힌 오징어 배들이 돌아와 저동항에 닻을 내리면 저동항에는 오징어가 산처럼 쌓인다. **p.62**

촛대바위
울릉도 내에서 가장 아름다운 일출을 볼 수 있는 명소. **p.64**

행남해안산책로
붉게 물든 동해 바다, 힘차게 부서지는 파도와 함께하는 아침 산책은 상쾌하다. **p.58**

해질녘

도보 15분 →

도보 1분 →

독도 전망대 & 케이블카
어둠이 내려앉은 동해 바다와 도동항의 전경을 볼 수 있다. **p.56**

도동항 야경
분주하고 정신없는 낮의 모습과 달리 도동항의 밤은 평온하고 고요하다. **p.52**
 울릉 관문교에 야간 조명이 켜지면 세계 최고의 미항으로도 전혀 손색 없는 아름다운 풍경이 그려진다.

도동 어판장
저동 어판장보다는 규모가 작지만 오징어회 한 접시에 소주 한잔 하기에는 부족함이 없다.

평온한 도동항 야경을 감상해요.

42

연인들의 소중한 추억을 위한
로맨틱 울릉도 코스

*본 일정은 도동항 입출항/숙소 기준

죽도
죽도록 잊지 못할 여행지. 연인과 함께 로맨틱하게 산책하기에 좋다. **p.68**
tip 죽도의 더덕 주스는 한잔 꼭 마셔볼 것!

도보+버스 25분 →

사동
투명 카누로 바다를 좀 더 가까이에서 즐겨 보는 건 어떨까? **p.167**
tip 자외선 차단제는 필수!

도보+버스 30분 →

광장반점(점심)
울릉도 차이나타운에서 맛보는 중화요리. **p.93**
위치 북면 태하
추천 메뉴 자장면, 짬뽕, 탕수육

도보+모노레일 30분 ↓

대풍감전망대
한국 10대 비경으로 꼽힌 대풍감은 절대 놓쳐서는 안 될 비경을 연출한다. **p.89**
tip 주변의 황토굴, 태하 해안 산책로 등도 함께 돌아보자.

도보+버스 25분 →

연리지에서 연인과 함께 사진을!

예림원
다양한 식물관 분재가 자연 경관과 어우러져 달달하고 색다른 분위기를 연출한다. **p.100**
tip 연인들의 포토존으로 연리지(사랑나무) 추천.

도보+버스 20분 ↓

해중 전망대
수심 6m 바닷속 세상을 구경하자! **p.106**
tip 여름에는 주변에 해수풀장도 운영되니 신나게 수영을 즐겨 보는 것도 좋다.

도보+버스 1시간 20분 →

약소 마을(저녁)
울릉도 야산에서 청정 풀과 약초를 먹고 자란 약소를 맛볼 수 있다. **p.73**
위치 울릉읍 도동
추천 메뉴 약소구이, 육회

→

숙소

43

쉽사리 그 품을 내주지 않지만 오감의 아름다움을 품은 섬, 울릉도!
울릉도를 가장 잘 보고, 느끼고, 체험할 수 있는 대표적인 곳들을
지역별로 상세하고 친절하게 소개한다.
울릉도에서 꼭 가 봐야 할 곳, 미처 알지 못했던 곳까지
구석구석 자연이 주는 절경과 향기를 마음에 담고,
울릉도의 별미를 맛볼 수 있는 맛집과 숙소 정보까지 꼼꼼히 챙겨 보자!

지역 여행

울릉도

설렘과 활기가 넘치는 울릉의 중심 **울릉읍**
우산국의 전설이 깃든 울릉 역사의 시작 **서 면**
자연이 그려 놓은 아름다운 풍경 **북 면**

• 울릉의 특별한 숙소
• 낭만적인 하룻밤 캠핑

독 도

울릉도

울릉읍

설렘과 활기가 넘치는 울릉의 중심

울릉 제1의 항구인 도동항을 비롯해 어업 전진 기지 저동항과 미래가 더 기대되는 사동항이 들어선 울릉읍은 울릉의 행정과 경제의 중심이면서 여행자들의 거점으로 통한다. 기능적인 측면이 많이 부각되어 있지만 울릉읍의 풍광은 북면, 서면 못지않게 매혹적이다. 특히 울릉읍은 대한민국에서 가장 먼저 일출을 조망할 수 있는 지역이다. 푸르스름한 어둠을 비집고 온 바다를 붉게 물들이는 해돋이는 '바다에서의 아침은 세상의 처음을 보는 것과 같다.'라는 알베르 카뮈의 말을 마음으로 이해하게 되는 절경이다.

★ Must Do List

★ 내수전 일출 전망대에서 해돋이 감상
★ 저동항 야경을 즐기며 회 한 접시 맛보기
★ 행남해안산책로를 따라 힐링 트레킹
★ 독도 전망대에서 로또 구매하기
★ 죽도에서 더덕 주스 맛보기

도동항 인근

- 성보 빌라
- 울릉 초등학교
- 울릉군 보건의료원
- 독도 장로교회
- 한전 아파트
- 성인 빌라
- 울릉 순환로
- 해피니스 펜션
- 스카이힐 펜션
- 약소 마을
- 기쁜소식 울릉교회
- KT 울릉지점
- 울릉 펜션
- 향우촌
- 도토리 (수제 햄버거, 빙수)
- 울릉 중학교
- 울릉읍사무소
- 울릉군 종합복지회관
- 약수 식육점
- 슈퍼마켓
- 해성당 한약방
- 쌍둥이 식당
- 동광 식육점
- 공중전화
- 작은밥상
- 우산제과점
- 한우숯
- 울릉군청 차고지
- 울릉군의회
- 도동제일 장로교회
- 울릉 교육지원청
- 울릉 문화원
- 울릉도 호박엿공장
- 도동2리 마을회관
- 독도 박물관
- 독도 전망대 케이블카 (하부 탑승장)
- 안용복장군 충혼비
- 도동 약수터
- 도동 약수 공원
- 해도사
- 독도 전망대 (상부 탑승장)

도동항

울릉 제1의 항구

도동항은 대형 여객선이 오가는 울릉도의 관문이자 군청을 비롯한 모든 행정 기관과 금융 기관이 모여 있는 울릉도의 중심이다. 울릉도 제1의 항구이며 가장 번화한 시가지를 끼고 있지만 행남봉과 망향봉 사이의 좁은 골짜기에 아담하게 들어선 모습이나 주변의 암봉, 시리도록 투명한 바다와의 조화는 어디에 내놓아도 손색없는 미항의 전경이다. 물론 자리가 비좁다 보니 여객선이 들고 나는 시각에는 인파로 북적이고 가벼운 교통 체증이 일어나기도 한다. 그러나 긴 뱃멀미로 지친 여행자에게 비릿한 바다 내음 없는 산뜻한 바람과 물속을 훤히 내보이며 출렁이는 푸른 바다는 체증을 확 내려가게 한다.

도동항에서 고개를 들면 보이는 행남봉에는 우리나라에서 가장 오래된 향나무인 울릉도 향나무가 뿌리를 내리고 있다. 높이는 4m에 불과하지만 수령은 무려 2,500년이 된 향나무다. 석산 암벽에서 수천 년 동안 해풍에 시달리며 척박한 세월을 견디어 낸 향나무의 자태는 고고하고 아름답다. 1985년 태풍 브랜다로 인해 주요 줄기가 일부 부러지고 밑동과 작은 가지만 남아 있지만 울릉도에 사람이 살기 전부터 뿌리를 내리고 자라면서 울릉도의 시작과 변화를 지켜본 울릉도의 상징적인 나무다. 향나무가 굽어살피는 도동항에 석양이 내려앉기 시작하면 오징어잡이 어선의 하루가 시작된다. 만선의 꿈을 실은 배들은 칠흑 같은 바다를 향해 거침없이 나아가고 이는 울릉8경 중에 하나인 '도동모범(道洞暮帆)'으로 손꼽히며 강렬한 풍경을 연출한다.

🏠 경상북도 울릉군 울릉읍 도동리 ☎ 054-790-6454(도동 관광 안내소)

도동항 풍경

입·출항을 앞둔 도동항

해안 산책로의 설경

어둠이 내려앉은 해안 산책로

도동 시가지 야경

도동 약수터

톡 쏘는 탄산 약수가 괄괄

도동 약수 공원 지구를 알리는 아치형 간판에서부터 500m 정도 이어진 가파른 경사길 끝에 도동 약수터가 있다. 깊은 산중에서 졸졸 흘러나오는 도동 약수에는 철분과 마그네슘, 탄산 이온 등의 성분이 함유되어 있어 빈혈이나 위장병, 류마티스성 질환, 피부병에 효과가 있다고 알려져 있다. 이토록 몸에 좋은 물이지만 입맛에 맞지 않으면 한 모금도 삼킬 수가 없다. 몸에 좋다 하니 더러는 직접 가져온 생수병에 가득 채워 가는 여행자들도 있지만 쇠를 물에 갈아 마시는 듯한 탄산철분 약수 특유의 맛과 향 때문에 대부분의 사람들이 뱉어 내고 만다.

옛날 옛적 왜군과 싸우던 장군이 죽자, 장군의 갑옷을 이 근처에 묻었는데 이 갑옷이 삭으면서 흘러내린 쇳물이 약수가 되었다는 전설이 있다. 이 약수로 밥을 지으면 밥 색깔이 푸른색을 띠고 커피를 끓이면 암흑색이 되며, 하루쯤 지나면 녹물이 섞인 것처럼 변한다고 한다.

🏠 경상북도 울릉군 울릉읍 도동산리 산12-5 ☎ 054-790-6421 🚌 도동항에서 도보 약 15분. 도동 약수 지구 내

울릉도(鬱陵島)는 어떤 뜻이 담겨 있을까? Talk Talk

鬱(울창할 울, 우거질 울) + 陵(언덕 릉, 오를 릉)

울릉도를 다녀온 사람이라면 이 한자의 뜻이 얼마나 울릉도를 제대로 표현했는지를 알게 된다. '鬱(울)'은 '울창하다, 우거지다'라는 뜻으로, 1917년 울릉도를 조사한 인류학자 도리이 류조의 기록을 보면 그 연유를 알 수 있다. 과거 울릉도는 갓을 쓰고는 다닐 수 없을 정도로 나무가 빽빽한 섬이었다고 기록하고 있다. 후에 일본인들의 무분별한 벌채로 많은 나무들이 잘려 나갔지만 여전히 울릉도는 산림이 울창하다. 또한 울릉도는 나리 분지 외에는 평지가 없다. '언덕, 오르다'의 뜻을 가진 '陵(릉)'에서 알 수 있듯이 울릉도는 어딜 가든 죄다 오르막길이며 완만한 길 따윈 없다. 여행 자체가 곧 등산이나 다름없음을 깨닫게 된다.

독도 박물관

독도에 관한 모든 것

독도 박물관은 국내 유일의 영토 박물관이다. 1995년 광복 50주년을 맞아 울릉군이 대지를 제공하고 삼성 문화 재단이 건물을 건축하였고, 서지학자 고(故) 이종학 초대 관장이 30여 년 동안 국내외에서 수집한 울릉도·독도 자료를 기증하기로 약정하면서 1997년 박물관으로 개관하였다. 삼봉도(독도의 또 다른 이름)를 형상화한 건물은 총 1,600㎡(484평) 규모로 지하 1층, 지상 2층의 전시실과 영상실에 독도가 우리의 고유 영토임을 증명하는 문서와 지도 등의 자료들이 전시되어 있다. 꼼꼼히 둘러본다면 광복 이후 지금까지도 끊이지 않는 일본의 침략 근성과 망언에 대해 역사적, 논리적으로 시원하고 명쾌하게 반박할 수 있게 된다. 독도 박물관은 독도 전망 케이블카 탑승장 옆에 자리하고 있기 때문에 독도 전망대에 오르기 전 미리 들렀다 가기 좋다.

🏠 경상북도 울릉군 울릉읍 약수터길 90-17 ☎ 054-790-6432 ₩ 무료 🕘 09:00~18:00(17:00 입장 마감), 연중 무휴 🚌 도동항에서 도보 약 15분. 도동 약수 지구 내

삼봉도를 형상화한 독도 박물관

독도 전망대 & 케이블카

바다 전망과 시가지 전망을 한 번에!

도동항 전경과 쪽빛 동해 바다는 물론이고, 날씨가 좋은 날에는 독도까지 볼 수 있는 독도 전망대는 망향봉 정상에 있다. 산책로를 따라서 걸어 올라가는 방법이 있지만 지형이 가파른 편이니 케이블카를 이용하는 것이 좋다. 케이블카를 타고 5분 정도 오르면 독도 전망대에 도착한다. 독도 전망대의 스카이라운지는 휴게소를 겸하고 있어 간단한 음료와 간식부터 허기진 배를 채울 수 있는 해물파전, 더덕구이, 콩국수 등을 판매하고 있다. 특히 스카이라운지에는 울릉도에 단 3곳만 있다는 로또 판매점이 있다. 라운지에서 87.4km 거리의 독도를 육안으로 보게 된다면 로또를 한 장 사 보는 것도 좋겠다. 하늘이 맑은 날에는 독도를 직접 볼 수 있는데 이런 날이 1년 365일 가운데 50일도 되지 않는다. 맨눈으로 독도를 보았다면 로또 당첨을 기대해 봐도 좋을 만큼 운이 좋은 것이다. 스카이라운지는 2개의 전망대로 연결된다. 약 15분 거리의 시가지 전망대에서는 알록달록한 성냥갑 같은 건물들이 오밀조밀 들어선 도동 시가지와 도동항, 성인봉에서 흘러내린 산줄기들을 조망할 수 있다. 시가지 전망대의 반대쪽에 자리한 해안 전망대는 스카이라운지에서 30분 정도 떨어져 있다. 나무 계단과 짧은 숲길을 지나 해안 전망대

에 다다르면 눈이 시리도록 푸른 동해가 파노라마처럼 펼쳐진다.

🏠 경상북도 울릉군 울릉읍 약수터길 99 ☎ 054-790-6427 ₩ 케이블카(왕복) 어른 7,500원, 청소년 5,500원, 어린이 3,500원 🕐 08:00~19:00(11~3월 동절기는 18:00까지 / 관람 종료 1시간 전 입장 마감) 🚋 도동항에서 도보 약 15분. 도동 약수 지구 내 독도 전망 케이블카 탑승장 위치

울릉 역사 문화 체험 센터

울릉 주민들의 사랑방

울릉 역사 문화 체험 센터는 울릉도와 독도의 근현대사를 한눈에 볼 수 있는 작은 박물관이자 울릉도 주민들의 사랑방이다. 따라서 도동항을 통해 울릉도에 도착한 여행자라면 이곳을 기점으로 여행을 시작하는 것도 좋다.

울릉 문화 체험 센터는 1910년대 일본의 이주민이자 산림 벌목업자였던 사카모토 나이지로가 지은 적산 가옥이다. 울릉도에서 자생하던 희귀 목인 솔송나무, 귀목나무와 일본산 삼나무를 사용해 건축하였고, 2층의 다다미방과 접객 공간인 쇼인주쿠리, 비바람을 막기 위해 설치한 덧문인 아마도 등이 원형 그대로 잘 남아 있어 일식 가옥의 특징을 잘 보여 준다. 일제 침략이 본격화되기 시작한 1910년을 기점으로 울릉도 도동항 주변에는 적산 가옥이 여러 채 지어졌으나 현재는 이 건물이 유일하다. 해방 이후에는 여관과 개인 주택으로 사용되다가 근대 주택사 연구의 중요한 자료일 뿐만 아니라 당시 일본의 울릉도 수탈의 역사를 보여 주는 자료로 인정받아 2006년 등록문화재 제235호로 등록되었다. 이후 개보수를 통하여 2011년 역사 문화 체험 센터로 개관되어

울릉도 근대 역사와 문화사를 전시하는 공간으로 활용되고 있다.

여행자들의 방문이 뜸한 겨울에는 울릉도 주민들의 사랑방으로 통한다. 울릉도 아이들의 작은 오케스트라 연주가 열리기도 하고 공부방으로도 쓰인다. 오가다가 들르거나 차를 마시러 찾는 주민들도 많아 주민들이 들려주는 울릉도 이야기를 들을 수도 있다.

🏠 경상북도 울릉군 울릉읍 도동1길 27 ☎ 054-791-7526 ₩ 4,000원(커피, 녹차, 핫초코 등의 음료 제공) ⏰ 09:00~17:00, 매주 월요일 휴관 / 11~3월 10:00~19:00(주말과 공휴일은 17:00까지), 매주 월요일 휴관 🚌 도동항에서 도동1길을 따라 도보 5분

행남 해안 산책로

쪽빛 바다를 거니는 길

도동항 왼편 해안가로 들어서면 남성적인 산세와 푸른 파도 소리가 함께하는 행남 해안 산책로가 시작된다. 오로지 사람만이 다닐 수 있는 호젓한 오솔길이 저동항 촛대바위까지 이어지는데 걷는 것을 잊고 홀린 듯 발걸음을 옮기게 될 만큼 풍광이 매혹적이다. 오른쪽으로는 하얀 물보라를 일으키는 바다와 맞닿아 있고 왼쪽으로는 자연이 빚어낸 천연 동굴과 기암괴석이 계속해서 이어진다. 전국에 많은 길들이 있지만 이만큼 자연과 가까운 길은 없을 듯하다.

웅장하고 이국적인 풍광에 취해 오르락내리락 산책로를 걷다 보면 몽돌 해변이 보이는데 이곳에서 도동 등대 방면과 저동항 방면으로 나눠지는 갈림길이 나타난다. 이 갈림길이 있는 마을이 행남이다. 마을 어귀에 큰 살구나무 한 그루가 있었다고 하여 '살구남', 또는 살구 행(杏) 자를 써서 '행남'이라고 부른다. 마을로 접어들어 대나무 숲 터널을 통과하면 그 끝자락에 도동 등대가 있다. 울릉도 가장 동쪽의 등대인 도동 등대는 108m 절벽 끝에 서서 저동항을 내려다보고 있다. 홀로 어두운 바다를 지켜야 하는 쓸쓸한 등대지기도 이곳에서는 외롭지 않을 것 같은, 고요하고 평온한 도동 등대.

다시 길을 내려와 저동항 방면의 길을 따라가다 보면 행남 해안 산책로의 백미인 소라 계단(수직 계단)을 만나게 된다.

57m 높이에서 수직으로 떨어지듯이 소라 모양의 계단이 만들어져 있어 보기만 해도 아찔하다. 소라 계단을 빙글빙글 돌아 내려오면 일곱 빛깔 무지개색으로 채색된 구름다리와 연결된다. 구름다리 아래로 비치는 푸른 물빛은 짙어 탐스러우며 맑아 눈부시다. 마치 물 위를 걷고 있는 느낌을 준다. 도동항에서 출발한 약 3km 길이의 해안 산책로는 저동항 촛대 바위에서 끝난다. 저동항의 상징처럼 여겨지는 촛대 바위는 고기잡이를 떠난 아버지를 기다리던 딸이 그리움에 지쳐 바위로 굳어 버렸다는 전설이 서려, '효녀 바위'라고도 불린다.

행남 해안 산책로는 바람이 심한 날에는 진입이 통제된다. 바다와 함께 걷는 길이다 보니 몸을 가누기 힘들 정도로 바람이 거세거나 파도가 들이치는 날은 안전을 위해 통행을 제한한다. 진입이 가능한 날에도 갑자기 거센 파도가 덮쳐 난감하게 만드는 상황도 종종 있으니 주의하는 것이 좋다. 특히 비가 오지 않는 날인데도 바닥에 물이 고여 있다면 그곳은 파도가 잘 드는 곳이니 재빠르게 피하는 편이 좋다.

🚌 도동 여객선 터미널 뒤편 행남 해안 산책로로 진입

🎒 Travel Tip

행남 우안산책로

도동항에서 도동 등대를 거쳐 촛대 바위까지 이어지는 좌안 산책로 외에도 여객선 터미널 맞은편에 위치한 우안산책로도 있다. 좌안 산책로에 비해 거리가 짧고 좀 더 차분한 분위기라 좌안 산책로와는 또 다른 느낌이다. 도동항이 한눈에 들어오는데 특히 도동항의 야경을 즐기기에는 최적의 장소다. 약 30분 정도면 돌아볼 수 있어 자투리 시간을 이용해 둘러보면 좋다.

- 저동 여객선 터미널
- 저동 관광안내소
- 교회
- 기술센터
- 릉지소
- 선박 출입항신고소
- 화신 슈퍼
- 독도 호텔
- 사 식당
- 관해정 만남의 장소
- 저동 출발점
- 저동 어판장
- 로마트
- 시나래 펜션
- 울릉군수협
- 면
- 동 우체국
- 정애 식당
- 아리랑 식당
- 개 분식
- 삼정약소 숯불가든
- 육 식당
- 여주 식당
- 황소 식당
- 존
- 종점 슈퍼
- 제일 약국
- 저동 버스정류장
- &U 의점
- 어택 캠프
- 모시개 식당
- 모텔
- 농협
- 청아름 식당
- 열린 모텔
- 우산 반점
- 섬 모텔
- 은하 반점
- 저동 공영주차장
- 어업인 복지회관
- 섬지기 펜션
- 울릉군 수협 제빙 냉동 공장 (저동 펭귄)
- 울릉 연탄 공장
- 봉래1길
- 무인 등대
- 촛대 바위
- 행남 해안 산책로 도동 방향 ↓

저동항

사람 냄새 물씬 풍기는 정겨운 항구

수도권 여행자들의 기항지이자 동해안 어업 전진 기지로 통하는 저동은 옛날 옛적 모시밭이 많아 모시 저(苧) 자를 써 지금의 지명을 갖게 됐다. 어딜 가나 비탈이고 오르막인 울릉도지만 이곳 저동항은 평탄하고 탁 트인 지형 때문에 아늑한 항구의 맛이 잘 살아 있다.

울릉도 오징어의 대부분이 저동항에서 취급되는 만큼 오징어잡이가 제철인 5월 즈음부터 저동에는 활기가 넘친다. 오징어잡이 선박이 대부분 저동항에서 출항하는데 불빛을 따라 몰려다니는 오징어의 특성 때문에 밤샘 조업이 이뤄진다. 어둠이 깊어지면 조업하는 오징어 배의 불빛이 잇따라 드러나면서 울릉도에서만 볼 수 있는 야경을 만들어 낸다. 크리스마스트리처럼 동해를 수놓는 오징어 배의 불빛은 하나의 관광 상품이 됐고, '저동어화(苧洞漁火, 저동 오징어잡이 배의 불빛)'라고 불리기도 한다. 밤샘 조업을 마친 어선들이 돌아오는 해 뜰 녘 항구는 도떼기시장이 따로 없다. 부둣가 주변으로 싱싱한 오징어가 산을 이루고 수협 어판장에서는 경매꾼과 선주, 상인이 뒤엉켜 경매가 열린다. 한쪽에서는 아낙네들이 경매 받은 오징어를 한 마리 한 마리 배를 가르고 내장을 분리하는 작업을 하는데 그 손놀림이 달인 수준이다. 사람 냄새 나는 어시장이라는 말

이 어울리는 곳이다. 새벽잠이 많은 관광객이라도 새벽녘 저동항의 진풍경은 꼭 보길 권한다.

🏠 경상북도 울릉군 울릉읍 저동리 ☎ 054-791-6629 (저동 관광 안내소)

저동 어판장 맛있게 즐기기

심심한 해산물과 소주 한 잔으로 하루 일정을 마무리하고 싶다면 저동 어판장을 추천한다. 밑반찬도 없고 초고추장이나 야채 세트까지 일일이 다 사야 하는 번거로움이 있지만 주인이 직접 잡은 신선하고 저렴한 회와 해산물을 맛볼 수 있다. 해가 질 무렵부터 저동 어판장에 활기가 돈다. 워낙 소규모라 카드 결제가 안 되는 경우도 있다는 점은 염두에 둘 것!

🏠 저동 여객선 선착장에서 도보 3분

★ 저동 어판장에서 꼭 맛봐야 하는 별미

저동 어판장에서는 신선하고 저렴한 각종 횟감을 골라 맛볼 수 있지만 이왕이면 울릉도의 향기가 물씬 풍기는 별미를 맛보는 건 어떨까? 입맛 까다로운 미식가들도 사로잡은 저동 어판장의 추천 메뉴 BEST 3!

* 오징어회와 한치회

뭐니 뭐니 해도 여행자들이 가장 많이 찾는 메뉴는 울릉도의 자존심인 오징어회와 한치회다. 긴말이 필요 없을 만큼 쫄깃하고 달달하다. 얇게 채 썬 오징어나 한치에 야채와 초고추장을 넣고 비벼 간단하게 만들어 낸 막회는 회를 좋아하지 않는 이들의 입맛도 사로잡을 만큼 새콤달콤하다.

* 울릉도 홍삼

울릉도 홍삼은 해삼의 한 종류로, 색이 붉고 진해 홍삼으로 불린다. 바다의 인삼이라 불릴 정도로 사포닌과 타우린 성분이 다량 함유되어 있다. 수온이 내려가고 눈발이 날리기 시작할 때쯤이 제철이라 울릉도 겨울 바다의 전령사라고도 한다. 청정 해역에서 겨울철에만 맛볼 수 있는 귀한 음식이다. 보기에는 살짝 징그러운 모양새이지만 육질이 두껍고 특유의 맛이 좋다. 한 번 맛보면 절로 빠져든다는 게 바로 울릉도 홍삼이다.

* 독도 새우

저동 어판장의 귀한 메뉴, 독도 새우도 저동 어판장의 추천 메뉴다. 독도 인근에서만 잡혀서 독도 새우라고 하는데 새우의 생김새가 닭의 벼슬 같다 하여 닭새우라고도 불린다. 귀한 수산물인 만큼 매일 잡아 올릴 수 없어 가격이 비싼 편이지만 일반 새우보다 쫄깃하고 구수한 향이 감돌아 확실히 프리미엄급 새우라 할 만하다. 포항, 강릉 등 육지에서도 맛볼 수 있지만 울릉도 현지가 가격이 더 저렴하다. 찜으로도 판매하고 회와 튀김으로도 판매하고 있으니 입맛대로 골라 먹을 수 있다.

촛대 바위

진한 기다림이 바위로 변하다

저동의 상징으로 여겨지는 촛대 바위는 바다에 솟아 있는 모습이 촛대를 세워 놓은 것과 닮았다 하여 '촛대 바위'라고 불린다. 어떤 이는 장군이 투구를 쓴 모습과 비슷하다 하여 '장군 바위'라고도 하고, 배 타고 나간 아비를 하염없이 기다리다 돌이 되어 버렸다는 효성 지극한 딸의 전설이 서려 있어 '효녀바위'라고 칭송하기도 한다.

원래는 바위섬이었으나 방파제 공사를 하면서 방파제와 연결되었다. 저동에 접안 시설과 방파제가 연결된 해는 1980년이지만 그 계기는 1962년 당시 국가 재건 최고회의 의장이었던 박정희 전 대통령의 울릉도 방문이었다. 그는 군함을 타고 울릉도를 방문했는데 항만 시설이 미비했던 저동항에는 대형 군함이 정박할 수 없었다. 그 때문에 소형 보트로 갈아타고 저동항을 방문했다가 다시 군함으로 돌아가던 중 높은 파도로 인해 보트가 전복될 뻔한 위험을 겪게 되었다. 또한 당시 군수로부터 전기와 항만 시설이 부족하다는 얘기를 듣게 된 그는 곧바로 '울릉 종합 발전 계획'을 수립하고, 방파제 완공을 지시하게 된 것이다. 현재 저동항 옆 커다란 후박나무 아래에는 이를 기념하는 '육군 대장 박정희장군 순찰 기공비'가 세워져 있다.

울릉도의 촛대 바위는 울릉도 내에서 가장 아름다운 일출을 볼 수 있는 명소다. 부서지는 파도 소리와 함께 촛대 바위 위로 떠오르는 붉은 햇덩이는 압권이다. 동해 먼바다를 붉게 물들이는 촛대 바위의 해돋이를 제대로 감상하고 싶다면 하루쯤 저동항에서 머무는 것을 권한다.

🏠 울릉군 울릉읍 도동3리 방파제 끝 촛대암 해안 산책로 입구 🚌 저동 버스정류장에서 수협 활어회 센터 방향으로 우회전 뒤 도보 약 10분

🍴 Travel Tip

저동에 펭귄이 산다?

저동에서 도동으로 넘어가는 행남 해안 산책로 입구로 향하다 보면 거대한 펭귄이 눈에 들어온다. 여기저기 페인트칠이 벗겨져 세월의 흔적이 느껴지지만 부리를 삐쭉하니 내밀고 있는 모습이 영락없이 귀여운 펭귄이다. 펭귄의 정체는 바로 제빙·냉동 공장. 공장 안에서 만들어진 얼음은 펭귄을 통해 분쇄되어 배에 실린다. 오징어·한치잡이가 한창일 때 펭귄이 분주하게 일하는 모습을 볼 수 있다.

봉래 폭포

울릉 주민들의 생명수

봉래 폭포는 울릉도의 유일한 상수도 식수원으로 울릉도 주민들의 생명수다. 육지는 극심한 가뭄이 들어 물이 귀해도 어찌 된 까닭인지 봉래 폭포의 물줄기는 마르지 않는다고 전해진다. 이 때문에 울릉도는 바위섬임에도 불구하고 울릉도 5다(多) 중에 하나로 물을 꼽는다. 봉래 폭포에서 흐르는 물은 북서쪽의 나리 분지에 모인 강수가 지하로 스며든 뒤 지하에서 피압수가 돼 지표로 용출하는 것이다. 지표로 솟은 물이 지형의 기복을 따라 흐르면서 폭포가 형성되었다. 약 30m 높이에서 우아한 물줄기를 그리며 3단에 걸쳐 쏟아지는 봉래 폭포의 유량은 1일 3,000t 규모로 저동천을 따라 흐르게 된다.

봉래 폭포로 향하는 삼나무 숲길을 걷다 보면 어디선가 땀을 식혀 주는 서늘한 기운이 느껴진다. 천연 에어컨이라 불리는 풍혈(風穴)이다. 신기하게도 바위틈에서 섭씨 4도의 시원한 바람이 솔솔 불어오는데 이 때문에 냉장고가 없던 과거 울릉도 주민이 음식물을 보관하는 장소로도 쓰였다고 한다. 풍혈에 들어갈 때는 가장 안쪽까지 들어가 봐야 한다. 찬바람이 가장 강하기 때문이다. 바위틈에 꼭 손을 넣어 보자. 겨울에는 반대로 따뜻한 바람이 나온다. 풍혈의 바람은 울릉도 기상의 지표가 되

기도 한다. 바람이 거센 날엔 파도가 높아지는데, 울릉도 주민은 풍혈의 바람의 세기로 파고를 예측했다.

🏠 경상북도 울릉군 울릉읍 저동리 산39번지 ☎ 054-790-6422(봉래 폭포 관리소) ₩ 성인 2,000원, 소인 1,000원 ⏰ 4~10월 07:00~19:00 / 11~3월 08:00~17:00 🚌 도동 버스정류장 혹은 저동 버스정류장 앞에서 봉래 폭포 방향 버스 탑승 후 봉래 폭포 버스정류장에서 하차. 봉래 폭포까지 도보 약 30~40분

Travel Tip
지질 공원 해설사

울릉도·독도는 독특한 지형과 경관의 가치를 인정받아 지난 2012년 국내 최초 국가 지질 공원으로 선정되었다. 이에 전문 교육을 이수한 지질 공원 해설사들이 양질의 지질 관광을 위해 봉래 폭포를 비롯해 행남 해안 산책로, 관음도, 태하에서 해설을 돕고 있다. 울릉도 곳곳이 보는 것만으로도 입이 떡 벌어지는 자연의 선물이지만, 해설을 듣고 보면 그 멋과 재미가 더해지니 도움을 받는 것도 좋다.

📞 울릉군 환경 지질 담당 054-790-6188, 6181

내수전 일출 전망대

대한민국에서 가장 먼저 맞이하는 해

우리나라에서 가장 먼저 아침 해를 맞이할 수 있는 명소다. 탁 트인 동해의 수평선에서 모든 걸 삼켜 버릴 듯 붉게 타오르는 일출은 그야말로 장관이다. 매년 새해가 되면 소문을 듣고 많은 해맞이 관광객들이 이곳을 찾는다. 여름철의 일출은 빠르면 5시경부터 시작되고 겨울철에는 7시경부터 시작되기 때문에 아침잠을 털고 일어나는 여행자만이 일출을 선물 받을 수 있다. 단, 일출을 보러갈 때 관내버스는 이용하기 어렵다. 내수전에 도착하는 첫차 시각이 7시 30분이어서 일출 시간을 맞추기가 어렵다. 따라서 직접 도보로 이동하거나 전날 미리 택시를 예약하는 방법을 택해야 한다.

내수전 일출 전망대는 일출 조망 외에도 저동항과 행남 등대, 죽도와 관음도를 비롯해 시원한 동해 바다를 한눈에 담을 수 있다. 따라서 일출이 목적이 아니더라도 관내버스를 이용해 내수전 마을 버스 종점에서부터 여정을 시작해도 좋다. 버스 종점에서 도보로 20~30분 정도 포장도로를 따라 올라가면 내수전 약수터 입구가 보인다. 시원한 물줄기가 흐르는 계곡에서 솟아나는 내수전 약수는 톡 쏘는 맛과 씁쓸레한 쇳내가 함께 나는 탄산 약수다. 내수전 약수터에서 다시 도보로 30여 분 이동하면 내수전 입구 주차장이 나온다. 내수전 일출 전망대로 향하는 언덕을 따라 올라가면 동백나무와 마가목, 소나무가 숲 터널을 이루는 계단이 나오는데 20분 정도 더 이동하면 해발 441m 우뚝한 봉우리에 설치된 내수전 일출 전망대에 도달하게 된다.

🏠 경상북도 울릉군 울릉읍 저동리 🚌 내수전 버스 종점에서부터 약 2.3km(단, 경사가 심한 오르막길이므로 도보로의 이동이 힘들다고 판단되면 내수전 입구 주차장까지 택시로 이동하는 편이 좋다.)

죽도

죽도록 아름다운 섬

죽도는 울릉도에 속해 있는 44개의 부속 섬 중 가장 큰 유인도다. 유인도라고 하지만 현재 죽도의 주민은 김유곤 씨가 전부다. 1996년까지만 해도 세 가구가 살았으나 울릉도 본섬과 달리 물이 귀해 빗물을 식수로 사용해야 하는 등의 열악한 환경을 견디다 못해 모두 떠나고 김 씨가 죽도의 마지막 주민이 되었다.

도동항에서 유람선을 타고 20분 정도 가면 죽도 선착장에 도달한다. 선착장과 위쪽 평지 사이를 오고 가려면 죽도의 유일한 진입로인 나선형 계단을 지나야 한다. '달팽이 계단'이라고도 부르는데, 365개의 계단이 720도로 회전하며 다리가 후들거리는 아찔함을 선사한다. 죽도 여행의 시작부터 죽도록 고생한다 해서 죽도라 부른다는 우스갯소리도 있을 만큼 쉽지 않은 진입로지만 죽도록 오르다 보면 죽도록 잊지 못할 여행지로 남는 곳이 바로 죽도다.

계단 끝에서부터는 죽도의 상징인 대숲 길이 시작된다. 이름 그대로 대나무가 많아 '대섬', '댓섬' 또는 '대나무섬'이라고도 불리는 죽도의 댓잎은 유난히 파랗고 바람에 날리는 향기가 진하다. 이와 더불어 봄에는 노란 유채꽃이 만발하고 여름에는 하얀 섬바디꽃이 장관을 이루며 가을에는 은빛 억새 물결이 출렁이니 죽도를 울릉도의 정원이라고 부르는 게 어색하지 않다.

죽도는 해안선을 따라 해안 산책로가 조성되어 있고 산책로 곳곳에는 쉼터와 울릉도 해안과 바다 전망을 볼 수 있는 전망대가 있다. 또한 울릉군에서 추진하고 있는 '자연원 개발'의 일환으로 조각 공원 사업이 진행 중이다. 산책로를 따라 걷다 보면 동해의 아름다운 풍광과 어우러지는 국내 유명 작가들의 조형물을 볼 수 있다. 사람마다 차이가 있겠지만 대략 1시간 30분 이내면 죽도 일주가 가능하다.

🏠 경상북도 울릉군 울릉읍 저동리 산 1-1번지 ☎ 죽도 공원 관리소 054-790-6423, 죽도 관광 유람선 예약 054-791-6711 ₩ 성인 2,000원, 소인 1,000원 ⏰ 유람선 시간에 맞춰 입·출도 🚢 도동항에서 죽도 유람선이 하루 2번(오전, 오후에 각각 한 번씩) 출발한다. 날씨나 승객 수에 따라 증편되거나 운항 시간의 변동이 있으니 전화로 미리 문의하고 예약해야 한다. 대개 3월부터 11월 중순까지만 운행되며 유람선 티켓은 왕복 18,000원(소인 9,000원)이다.

죽도 여행의 시작 달팽이 계단

억새 물결이 넘실대는 죽도의 가을

🍸 Travel Tip

죽도에서 더덕 주스 한잔

죽도에서 더덕 주스를 마시지 않고 가면 섭하다. 김 씨가 직접 재배해 우유와 함께 갈아 만드는 더덕 주스는 아린 맛이 전혀 없고 부드럽다. 사포닌 함량도 풍부해 인삼과 비등한 효능을 내기에 죽도 더덕을 사 가는 관광객들도 많다. 죽도는 섬 전체가 산림청 소유인데 김 씨는 매년 임차료를 지불하며 8,000여 평에 달하는 더덕 밭을 일구고 있다.

사동

흑비둘기가 노니는 바닷가 마을

사동은 모래가 많다고 해서 붙여진 이름이다. 사실 울릉도에는 모래가 귀한데, 처음 개척민들도 섬에 들어와 일주해 보아도 모래를 찾아볼 수 없었다고 한다. 그러나 이곳에는 옥과 같은 맑은 모래가 바닷가에 가로놓여 있었다 하여 '와옥사(臥玉沙)'라 불렀다. 또한 이 마을 뒷산의 모양이 사슴이 누워 있는 것과 같다고 하여 '와록사(臥鹿沙)'라고도 하였다. 후에 한자식 이름으로 표기할 때 '사(沙)'만 취하여 사동(沙洞)이라 부르게 되었다. 하지만 옥 같은 모래가 바닷가에 펼쳐져 있던 과거의 그림은 현재 볼 수 없다. 사동 신항만 건설에 사용할 목적으로 바닷모래를 과도하게 채취해 버려 현재는 사동의 모래는 흔적을 찾을 수 없고 안타깝게도 몽돌만 남아 있다.

사동은 도동·저동에서 해안 일주 도로를 시작할 때 가장 먼저 만나게 되는 해안가 마을이다. 구불구불 경사진 도로를 따라 달리다 사동 고개에 올라서면 시원스레 탁 트인 바다 전망에 여행자들은 긴 감탄을 뱉어 낸다. 따뜻하고 포근한 햇살을 머금고 반짝이는 남양의 해변은 일주 도로 여행에 대한 기대를 한층 높여 준다.

낮과 밤이 교차하는 순간 사동 바다 위로 떠오르는 달은 마치 해돋이처럼 붉게 피어나 감탄을 자아낸다. 명화의 한 장면이 절로 떠오르는 이 풍광은 '장흥망월(長興望月)'이라 하여 울릉 8경 중 하나로 꼽히고 있다.

🚌 도동·저동 버스터미널에서 관내버스 이용하여 사동에서 하차

울릉도의 후박나무

★사동 흑비둘기 서식지

사동은 동남향이라 해가 길어 겨울에는 따뜻하며 바람이 심하지 않아 동백나무, 후박나무 등의 상록활엽수가 생육하기에 좋은 환경을 갖추고 있다. 특히 사동 마을 입구에는 후박나무 숲이 잘 조성되어 있는데 후박나무 열매를 먹이로 하는 흑비둘기가 날아들곤 해 천연기념물 제237호(사동리 흑비둘기 서식지)로 보호받고 있다. 흑비둘기는 한배에 한 알밖에 낳지 못하는 희귀한 텃새라 종 자체가 천연기념물 제215호로 지정되어 있다. 오래전에는 후박나무의 열매가 익는 7월 하순부터 8월 하순 사이에 후박나무 열매를 먹기 위해 모여드는 흑비둘기를 쉽게 볼 수 있었으나 지금은 해안 일주 도로와 근접해 있는 데다 사동항 등 인근 지역이 개발되면서 좀처럼 그 모습을 보기 힘들다고 한다.

★울릉도 '호박엿'이 원래는 '후박엿'이었다?!

19세기 초 울릉도 개척 당시 이주민들은 '호박엿'이 아닌 '후박엿'을 만들어 먹었다고 한다. 섬에 자생하는 후박나무의 껍질(후박피)을 이용해 엿을 만들었던 것. 후박피는 위장을 따뜻하게 하고 소화 기능을 원활하게 도와 주어 한약재로 애용될 만큼 효능이 좋다. 초기 이주민들의 후박엿은 후박나무를 잘 모르는 타 지역 사람들이 발음이 비슷한 호박엿으로 부르면서 호박엿으로 불리게 되었다. 실제로 천연기념물 237호로 지정된 '울릉 사동 흑비둘기 서식지'의 후박나무도 과거에는 마을 사람들에게 후박엿 원료를 제공하느라 온몸이 상처투성이었다고. 현재는 천연기념물인 후박나무를 보호해야 하는데다 값이 싸고 구하기도 쉽다는 경제적 측면에서 아예 호박만을 이용해 진짜 울릉도 호박엿을 만들고 있다. 호박엿 덕택에 후박나무는 횡액을 면한 셈이다.

맛과 정성만큼은 푸짐한 **작은 밥상**

이름처럼 작고 아담한 식당이지만 울릉도의 손맛을 제대로 느낄 수 있는 맛집이다. 부드러우면서도 쫄깃한 울릉도 오징어와 특제 소스로 맛을 낸 오징어 불고기는 작은 밥상의 대표 메뉴다. 잘 볶아진 오징어 불고기를 따개비와 홍합, 그리고 각종 해산물이 들어간 해물밥에 넣고 쓱쓱 비벼 먹으면 얼큰하면서도 달짝지근한 맛이 미각을 자극한다.

🏠 경상북도 울릉군 울릉읍 도동3길 41-1 ☎ 054-791-1800 🍽 오징어 불고기 15,000원, 해물밥 15,000원 🚌 도동 여객선 터미널에서 도동길을 따라 도보 약 10분

속을 달래는 담백한 맛 **돌섬 식당**

칼국수는 흔한 메뉴다. 그러나 육지로 돌아와도 가끔 생각나는 울릉도 칼국수가 있는데 그중 하나가 돌섬 식당의 칼국수다. 울릉도 해역에서 자생하는 따개비로 우려낸 국물은 속이 뻥 뚫릴 만큼 깊고 담백하다. 여기에 주인장이 직접 반죽한 면발이 쫄깃한 식감을 더하니 육지로 돌아와서도 그 맛을 잊을 수가 없다.

🏠 경상북도 울릉군 울릉읍 도동리 184-7 ☎ 054-791-9052 🍽 따개비 칼국수 8,000원, 따개비밥 15,000원 🚌 도동 여객선 터미널에서 도동길을 따라 이동하다가 도동3길로 들어서 약 50m 이동

집밥처럼 든든하게 **두꺼비 식당**

많은 여행자들의 블로그나 여행 기사에도 소개된 맛집이다. 자극적이지 않고 든든하게 속을 채워 주는 집밥 같은 밥상이 차려지니 울릉도 여행 중에 몇 번이고 찾게 되는 곳이다. 오징어 불고기와 홍합밥, 따개비밥을 전문으로 하는데 주 메뉴도 좋지만 밑반찬이 워낙 정갈하고 깔끔해 입을 즐겁게 한다. 나 홀로 여행자들을 위한 1인 주문을 받는 것도 매우 매력적인 점 중에 하나.

🏠 경상북도 울릉군 울릉읍 도동리 71 ☎ 054-791-1312 🍲 오징어 내장탕 12,000원, 오징어 불고기 15,000원, 엉겅퀴 해장국 10,000원 🚌 도동 소공원에서 도동길로 진입하여 바로 앞

울릉 청정약소를 맛볼 수 있는 **울릉도 약소 마을**

울릉도 야산에서 사료 대신 청정 풀과 약초를 먹고 자란 약소와 칡소를 맛볼 수 있는 곳이다. 울릉 약소는 육지에서 먹던 부드러운 한우와 달리 거친 질감 때문에 식감이 독특하다. 하지만 씹을수록 고소한 맛이 배어 나온다. 푸짐하게 제공되는 울릉도 야산 청정 산나물과 함께 먹으면 그 맛이 배가 된다. 원적외선을 이용한 전기구이 방식으로 구워지기 때문에 연기가 거의 나지 않는 게 특징이다. 약소구이와 전복에 쌈과 명이를 곁들여 함께 먹는 메뉴가 인기다.

🏠 경상북도 울릉군 울릉읍 울릉순환로 395 ☎ 054-791-7001 🍲 약소구이(150g) 35,000원, 가마솥 약초 한우 국밥 10,000원, 울릉흑돼지모듬구이(170g) 20,000원 🚌 도동항에서 도동길을 따라 약 10분. 울릉종합 복지 회관 앞

울릉 향토 본연의 맛 **향토 식당**

'향토 식당'이라는 간판에 딱 어울리는 싱싱하고 건강한 울릉의 맛을 고스란히 살리는 맛집이다. 주인장이 직접 잡아 온 한치와 오징어로 만든 물회 한접시는 소주마저 달달하게 할 정도로 입에 착 붙는다. 역시 직접 잡은 자연산 홍합으로 고슬고슬하게 지어낸 홍합밥은 여행자의 배를 든든하게 채워 준다.

🏠 경상북도 울릉군 울릉읍 도동길 54 대우타운 ☎ 054-791-7711 🍴 물회 20,000원, 홍합밥 15,000원 🚌 도동 여객선 터미널에서 도동길로 진입하여 도보 약 2분

울릉도 바다향 **바다 횟집**

탱글탱글하고 싱싱한 자연산 활어회를 맛볼 수 있다. 깔끔한 주인장의 성격대로 각종 밑반찬과 매운탕도 정갈하고 깨끗하다. 회 한 접시에 소주 한 잔 곁들여 울릉도의 밤을 즐기기에도 좋은 공간이지만 나물, 무, 콩나물이 아낌없이 들어간 오징어 내장탕으로 아침 일찍 해장하기에도 좋다.

🏠 경상북도 울릉군 울릉읍 도동길 46 ☎ 054-791-4178 🍴 모둠회 스페셜 60,000원~, 오징어회 40,000원, 오징어 내장탕 10,000원 🚌 도동 여객선 터미널로 들어가는 울릉 관문교 바로 앞

건강한 간식 **오브레**

'오징어(O)+빵(Bre)'의 합성어인 오브레는 오징어의 먹물을 이용해 만든 건강 빵이다. 울릉도 개척민의 5대 후예인 대표가 운영하는 이 공간에서 오브레의 생산과 판매가 동시에 이루어지고 있다. 오브레는 오징어 먹물과 울릉도에서 생산되는 해양 심층수로 반죽하며 화학 첨가물이나 방부제를 넣지 않는다. 그 때문에 생산량이 많지 않지만 따뜻하고 풍미까지 느낄 수 있는 촉촉한 빵을 맛볼 수 있다.

🏠 경상북도 울릉군 울릉읍 도동길 53 ☎ 054-791-5008 🍴 1세트(20개) 15,000원 🚌 도동항에서 도동길을 따라 진입, W호텔 1층

엄마표 손맛 옛날 기사 식당

영화에나 등장할 법한 오래된 외관에서 보여지듯 역사와 전통을 자랑하는 맛집이다. 현지 주민들이 많이 찾는 곳이며 울릉도 가이드들도 인정한 맛으로 유명하다. 여러 가지 메뉴가 있지만 가장 인기 있는 음식은 바로 기본 백반이다. 백반을 시키면 국과 기본 반찬 6~8개가 나오는데, 계절에 따라 오이, 샐러드, 생선, 미역 무침 등 반찬이 바뀌면서 푸짐하게 한 상 차려진다. 특히 주인장의 인심이 후하기로 유명해, 내 집처럼 든든하게 밥을 먹을 수 있다.

🏠 경북 울릉군 울릉읍 봉래길 5-4 ☎ 054-791-0988
🍴 정식 9,000원, 홍합밥 15,000원 🚌 관해정 후박나무 앞에서 봉래길 쪽으로 진입해서 도보 1분

깊고 시원한 바다의 맛 모시개 식당

저동의 본래 이름은 모시개였다. 울릉도 개척 당시 갯벌에 모시가 많이 있어 '모시가 많은 갯벌'이라는 뜻으로 모시개라 불렸던 것이다. 저동 마을의 이름을 딴 모시개 식당의 인기 메뉴는 따개비 칼국수다. 기본 상차림은 평범하지만 따개비가 다른 식당에 비해 많이 들어 있고, 국물이 깊고 시원하다. 울릉도 향토 음식이 살짝 지겨워졌거나 전날 과음을 했다면 뼈다귀 해장국도 좋다.

🏠 울릉군 울릉읍 울릉순환로 211 ☎ 054-791-1495 🍴 따개비 칼국수 9,000원, 뼈다귀 해장국 9,000원 🚌 저동 버스정류장 맞은편

새콤달콤 시원한맛 가야 밀면

여행의 중반부에 접어들어 관광객 식단이 살짝 지겨워진 이들에게 추천하는 식당이다. 밀면, 칼국수, 삼계탕 등 뭍에서는 흔하지만 울릉도에서는 좀처럼 먹기 힘든 메뉴들을 맛볼 수 있다. 얼음 육수와 쫄깃한 면발의 밀면은 울릉 주민들도 추천하는 시원한 맛. 단, 동절기에는 먹을 수 없다는 점이 아쉽다.

🏠 울릉군 울릉읍 도동리 334-7 ☎ 054-791-8998
🍴 밀면 칼국수 각각 8,000원, 삼계탕 15,000원 🚌 저동 버스정류장에서 도동 방향 언덕으로 올라간 뒤 GS25 사잇길로 약 80m 직진

우아하게 모닝커피 한 잔 **커피존**

저동항 인근의 유일한 카페테리아이다. 아침마다 아메리카노 한 잔을 꼭 먹어야 하는 사람들에게는 단비 같은 공간. 커피 맛도 좋고 샌드위치 등으로 요기하기에도 적당하다. 특히 커피존에서는 호박 호두과자도 함께 판매하고 있는데 팥 앙금 대신 호박 앙금이 들어 있어 신선한 느낌이다. 너무 달지도 않고 씹히는 맛도 괜찮아 선물용으로 좋다. 카페 공간이 널찍해 배 시간이 애매할 때 여유롭게 시간을 보내기 적당하다.

🏠 울릉군 울릉읍 도동리 307-12 ☎ 070-4200-3125

🍴 아메리카노 4,000원, 팥빙수 8,000원, 햄 치즈 토스트 3,500원, 호박 호두과자 3,000원 🚌 수협 활어장 센터에서 저동 버스정류장 방면 울릉 순환로를 따라 걷다 보면 오른쪽에 위치

김밥 안에 쏙 들어온 산나물의 맛 **번개 분식**

흔하고 서민적인 음식인 김밥이 울릉도에서 새롭게 변신했다. 저동에 위치한 번개 분식에서는 울릉도에서 유일하게 부지갱이 김밥을 맛볼 수 있다. 부지갱이는 울릉도에 자생하는 대표적인 봄나물로 비타민과 칼슘의 함량이 높다. 부지갱이 김밥을 입안으로 넣는 순간 부지갱이 향이 은은하게 퍼진다. 나물을 싫어하는 사람이라도 부지갱이의 맛에 취하게 된다. 독도나 성인봉을 갈 때 간단하게 도시락으로 준비해도 좋다. 또띠아와 떡볶이, 라면도 인기 메뉴다.

🏠 울릉군 울릉읍 봉래2길 8 ☎ 054-791-1192 🍴 부지갱이 김밥(2줄 기준) 5,000원, 떡볶이 5,000원 🚌 저동 버스정류장에서 도동 방향 언덕으로 올라간 뒤 GS25 사잇길로 진입 후 30m 직진

깔끔한 울릉의 맛 **황소 식당**

현지인들과 가이드 사이에서 맛있기로 소문난 식당이다. 밥과 찬은 다른 식당과 비슷하지만 집 밥처럼 깔끔하고 정갈한 식단이 차려지기 때문에 여행자들 사이에서도 반응이 좋다. 특히 홍합밥에는 다른 식당에 비해 홍합이 많이 들어 있어 씹히는 맛이 좋다.

🏠 울릉군 울릉읍 울릉순환로 212-3 ☎ 054-791-8444 🍴 홍합밥 15,000원, 따개비 칼국수 8,000원 🚌 저동 버스정류장 앞 종점 슈퍼 사잇길 초입

기력 회복에는 울릉 쇠고기가 최고
호랑약소 불고기

울릉 칡소 영농 조합 법인에서 운영하는 울릉도 쇠고기 전문점이다. 100% 울릉도에서 태어난 한우(약소)와 칡소(호랑약소)만을 취급하고 있다. 정육점도 겸하고 있어 고기의 맛이나 품질이 좋은 편이다. 울릉도 야산의 청정 풀과 약초를 먹고 자라서인지 입안에 넣었을 때 고기 특유의 내음도 없고 고소하고 깊은 맛이 은은하게 퍼진다. 이곳에서만 맛볼 수 있는 기력 곰탕도 별미로 추천한다.

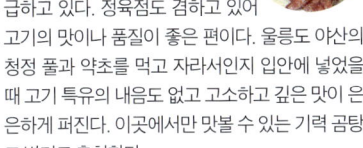

🏠 울릉군 울릉읍 사동리 신리길 48 ☎ 054-791-1447 🍲 호랑소 모듬구이(150g) 30,000원, 더덕 떡갈비 20,000원, 호랑약소 기력 곰탕 15,000원 🚗 울릉 순환 일주 도로 남양 방면에서 신리길로 진입 후 약 250m 직진

진한 호박 식혜 한잔 **서울집**

봉래 폭포를 오가는 길에 들러 울릉도의 별미 호박 식혜를 맛볼 수 있는 공간이다. 마냥 달지도 않고 울릉도 호박의 진한 맛이 살아 있어 두고두고 생각난다. 탁 트인 넓은 정원에 자리를 잡고 막걸리와 녹두 빈대떡으로 요기를 하는 것도 좋다.

🏠 봉래 폭포 지구 매표소에서 봉래 폭포 방향 ☎ 054-791-5948 🍲 호박 식혜 3,000원, 녹두 빈대떡 10,000원, 더덕 막걸리 10,000원 🚗 봉래 폭포 지구 매표소 지나 도보 200m

77

서면

우산국의 전설이 깃든 울릉 역사의 시작

우산국의 흥망성쇠와 울릉 개척 시대의 시작을 지켜본 곳이 바로 서면이다. 사람들의 발길이 닿기 시작하고 그 발길을 따라 길을 내고 마을을 만들며 이야기를 써 내려간 시간을 오롯이 기억하고 있다. 그런 까닭인지 서면에는 뛰어난 절경 속에 숨겨진 전설이 많다. 빼어난 풍광마다 때로는 재미있고 때로는 가슴 아픈 전설이 함께하니 서면 여행이 한층 풍성해진다.

Must Do List

- ★ 한국 10대 비경인 대풍감의 절경 감상하기
- ★ 울릉 차이나타운에서 짜장면 맛보기
- ★ 태하해안산책로에서 낙조 감상하기
- ★ 통구미 거북 바위에서 거북이 세어 보기
- ★ 울릉 특유의 편도 터널 통과하기

통구미

거북 바위가 지켜 주는 마을

행정 구역상 울릉군 서면 남양3리지만 '통구미 마을'로 통한다. 해안 일주 도로를 따라 달리다 보면 시선을 끄는 기이한 모양의 거북 바위가 나타나는데 향나무 향기에 취해 거북이가 기어가는 모습이라 하여 거북이 들어가는 통이라는 뜻으로 통구미라는 이름이 붙여졌다. 또는 암벽 사이의 깊고 비좁은 골짜기에 자리 잡은 마을의 모양새가 통과 같아서 통구미라는 이름이 붙었다고 말하기도 한다.

통구미의 거북 바위는 코끼리 바위나 버섯 바위처럼 그 모양새가 한눈에 들어오지 않아 우스갯소리로 마음을 여는 사람들만 거북이를 볼 수 있다고 하는데, 보는 방향에 따라 바위 위로 올라가는 거북이와 내려가는 거북이의 형상이 6~9마리 정도 된다고 하니 찾아보는 재미도 있다. 거북이 장수의 상징으로 꼽히는 만큼 거북 바위를 만지면 무병장수한다는 전설이 전해지고 있다.

통구미에서 남양 방면으로 해안 일주 도로를 따라가면 편도 일차로의 통구미 터널이 있다. 통구미 터널은 울릉군에서 최초로 신호등이 설치된 울릉도의 명물이다. 편도이기 때문에 터널 입구의 신호등이 파란불일 때 터널을 통과할 수 있다. 자칫 신호 위반을 했다가는 터널 안에서 난감한 상황에 처하게 된다. 현재 울릉도에는 통구미 터널과 남통 터널, 남양 터널에 신호등이 설치되어 있다. 처음에는 육지에서 볼 수 없는 터널의 신호등과 편도 시설 때문에 낯설고 답답한 마음이 들기도 하지만 울릉도 특유의 문화를 즐긴다는 생각으로 기다리다 보면 쏠쏠한 재미를 느낄 수 있다.

🚌 도동 · 저동 버스터미널에서 관내버스 이용하여 통구미에서 하차

🌳 Travel Tip

통구미 향나무 자생지

거북 바위 우측 산기슭에는 천연기념물 제48호로 지정된 통구미 향나무 자생지가 있다. 울릉도에 자생하는 향나무는 과거엔 2~3년에 한 번씩 육지에서 파견된 관리들에 의해 조정에 올려졌던 진기한 토산품이었다. 원래는 굵은 향나무가 많았지만 일제 강점기 때 무분별한 벌목으로 거의 사라져 현재는 통구미 지역을 비롯한 일부 절벽에만 남아 있다. 마을 사람들은 이 향나무가 마을을 수호하고 있다고 믿는다.

남양

비파 연주 들리는 따뜻한 남쪽 마을

남양의 옛 이름은 골계이다. 마을 주변으로 골짜기와 시내가 많다 하여 골짜기의 '골'자와 시내를 뜻하는 '계(溪)'자를 합쳐 이름 불렀다. 마을 뒤쪽으로는 비파산이 우뚝 솟아 마을을 감싸 안고 비파산 동쪽으로는 남양천, 서쪽으로는 남서천이 흐르니 울릉도 내에서도 손꼽히는 평온한 마을의 모습이다. 남양이라는 지명은 '햇볕이 잘 드는 따뜻한 남쪽 마을'이라는 뜻으로 비교적 햇빛이 잘 들고 따뜻해 울릉도에서 가장 먼저 눈이 녹는다고 한다.

남양의 상징은 단연 비파산이다. 화산 지형에서 주로 나타나는 주상절리로 인해 기둥 모양으로 갈라진 암벽이 악기 비파(琵琶)를 연상시킨다 하여 비파산이라는 이름이 붙었다. 또 국수 가락을 널어놓은 듯한 형상이라 하여 국수산 또는 국수바위라고도 부른다. 비파산에는 옛 우산국의 왕비에 대한 전설이 전해진다. 우산국의 왕비가 된 풍미녀가 딸 하나를 남기고 죽자 우해왕은 사랑하는 왕비의 죽음을 슬퍼하며 뒷산에 병풍을 치고 대마도에서 데려온 열두 시녀에게 매일 비파를 뜯게 하고 백 일 제사를 지내 비파산이란 이름이 생겼다고도 한다. 일몰 즈음 붉게 물든 비파산은 그 결이 더욱 돋보여 절경으로 꼽힌다. 남양 초등학교 운동장에서 그 모습을 좀 더 가까이 볼 수 있으며 여유가 있다면 남양천을 따라 서당마을 입구까지 올라가면 최고의 절경을 감상할 수 있다. 남양은 언제나 고요하고 평온한 모양새지만 특히 눈 내린 겨울 풍경이 일품이다. 눈 내린 밤의 풍경은 아름다워 울릉 8경 중 남양야설(南陽夜雪:겨울철 달밤 남양의 설경)이란 말이 생겨났다.

🚌 도동 · 저동 버스터미널에서 관내버스 이용하여 남양에서 하차

투구봉

사자 바위

사자 바위와 투구봉

우산국 우해왕의 전설이 깃든 곳

남양에서 북면으로 향하다 보면 신비스러운 모습으로 시선을 사로잡는 사자 바위와 투구봉을 볼 수 있다. 보통 그 모양새와 닮은 이름이 붙기 마련인데 사자 바위와 투구봉은 전설에서 따온 이름이 붙여졌다.

서기 500년 전 울릉도가 우산국이라 불렸을 때, 우산국의 우해왕은 대마도 도주의 셋째 딸 풍미녀를 데려와 왕비로 맞이하였다. 대부분의 영웅호걸들이 그렇듯 뛰어난 미모를 가진 풍미녀에게 빠진 우해왕은 나랏일을 멀리하게 되고 풍미녀의 허영과 사치로 인해 우산국의 국고는 바닥나기 시작했다. 둘 사이에서 별님이란 딸이 생기고부터는 정도가 더 심해져 풍미녀는 우산국에 없는 물건을 원하기 시작했고 우해왕은 그런 그녀를 위해 신라를 침범해 노략질을 일삼았다. 잦은 노략질로 고통 받던 신라는 강릉군주인 이사부를 우산국으로 보내 격전을 펼쳤지만 결국 패했다. 군사들을 재정비하고 전쟁을 준비한 이사부는 군선의 뱃머리에 나무로 된 사자를 만들어 입에서 불을 뿜게 했고, 화살을 쏘아 가며 군선을 몰게 했다. 사자를 처음 보는 우산국 군사들은 놀라며 도망쳤고 결국 우해왕은 투구를 벗고 이사부에게 항복했다. 우해왕은 바다에 몸을 던지면서 내가 죽더라도 불사자가 영원히 우산국을 지키게 해 달라는 말을 남겼다. 이사부는 우해왕의 마지막 소원을 들어주기 위해 목각 사자를 물에 띄웠고 그 순간 하늘에서 벼락이 치더니 목각 사자와 우해왕이 던진 투구가 돌로 변해 사자 바위와 투구봉이 됐다는 전설이 전해진다.

🚌 도동·저동 버스터미널에서 관내버스 이용하여 남양에서 하차. 울릉 순환로 태하 방면으로 도보 약 8분

남양항

남서 일몰 전망대

붉은 빛으로 물든 사태구미 해안의 절경

남서 일몰 전망대는 풍광만큼은 최고지만 아직까지 많이 알려지지 않아 찾는 이들이 비교적 적다. 한적하게 산책할 수 있는 전망대 숲길을 따라 남서 일몰 전망대에 도착하면 남근 바위가 눈에 띈다. 자식이 없는 사람이 찾아와 남근 바위에 소원을 빌면 자식을 볼 수 있고 부부의 정이 더 깊어진다는 이야기가 전해지는데 이는 재미난 전설에 기인한다.

우산국 시절 이씨, 설씨, 박씨 세 가족이 비파산에서 나물, 약초 등을 캐어 살아가고 있었는데 이상하게도 세 가족 모두 대를 이을 자식이 없어 걱정이었다. 하루는 이씨 부인이 바닷가 어느 산에서 약초를 캐 먹은 후 배가 불러 오는 꿈을 꾸었다. 다른 부인들에게 꿈 이야기를 하자 꿈에서 나온 바닷가 산으로 약초를 캐러 가자 하여 세 부인은 꿈에 본 산으로 약초를 캐러 갔다. 그곳은 기암절벽으로 인적이 드물어 약초가 많았고 부인들은 시간 가는 줄 모르고 약초를 캐기 시작했다. 약초 캐는 데 정신이 팔려 해 질 무렵이 되어서야 길을 찾아 헤매던 부인들은 남근 바위 옆으로 해가 지는 광경이 어찌나 황홀한지 해가 완전히 수평선 너머로 사라질 때까지 넋 나간 사람처럼 그 풍경을 바라보고만 있었다. 완전히 어둠이 내려앉자 부인들은 약초 뿌리로 굶주린 배를 채우고 사력을 다해 절벽 사이의 나무를 의지하여 겨우 집으로 돌아오게 되었다. 놀랍게도 얼마 후 세 부인은 동시에 모두 헛구역질이 나고 배가 불러 와 이웃 마을의 김 노인을 찾아가 물어보니 세 부인 모두 득남할 것이라고 하였다. 그 후 세 부인은 모두 득남하고 자식들을 키우며 잘살았다는 전설이 전해지고 있다.

남근 바위에서 각시봉 방향으로 눈을 돌리면 남근 바위가 부끄러워 고개를 돌리고 있는 각시 바위(색시 바위)가 있다. 일몰 즈음에 가면 붉게 물든 사태구미 해안과 해안 절벽의 비경을 한눈에 담을 수 있다.

🚌 도동·저동 버스터미널에서 관내버스 이용하여 남양에서 하차. 남서천을 따라 도보 10분 정도 이동하면 남서 일몰 전망대 입구

학포

학이 노니는 마을

남양에서 학포까지는 터널의 연속이다. 구암 터널, 사태감 터널, 곰바위 터널, 수층 터널, 삼막 터널까지 계속해서 터널을 통과하게 된다. 이 중 사태감 터널과 곰바위 터널은 낙석으로 인한 차량이나 인명 피해를 방지하기 위해 반터널 형태로 만든, 일종의 피암(避巖)터널이다. 해안 일주 도로를 계속해서 달리다 보면 크고 작은 돌덩이들이 절벽에서 떨어져 도로 주변에 쌓여 있는 것을 볼 수 있다. 이런 낙석이 도로나 가드레일 등을 파손하는 것은 물론이거니와 인명 사고로까지 이어지자 엄청난 예산을 들여 피암 터널을 완공하게 된 것이다. 편도 일차로 터널과 마찬가지로 울릉도에서 볼 수 있는 독특한 터널의 형태다.

곰바위 터널을 통과하고 나면 해안 도로와 산간 도로를 나선식으로 연결하는 수층교에 이른다. 수층교는 울릉도의 독특한 지형이 만들어 낸 이색적인 명물이다. 직선으로 길을 만들기에는 경사가 심해 꽈배기 형태로 안전하게 길을 만들었다. 수층교를 지나 수층 터널과 삼막 터널을 통과하고 나면 왼쪽으로 울릉도에서 가장 작은 어촌이자 숨은 포구인 학포 마을이 아담하게 들어선 모습이 보인다. 마을로 들어가기 위해서는 만물상 전망대에서 마을 입구 진입로를 따라 내려가야 하는데 일반 자가용은 진입 가능하지만 관내버스 노선은 아니므로 도보로 이동해야 한다. 만물상 전망대는 만 가지의 상이 보이는 절경이라 해서 이름 붙여진 곳으로, 태하 마을에서 학포 해안까지 이어지는 기암절벽과 태하령에서 내려오는 산줄기가 곧장 절벽으로 이어지는 힘 있는 비경도 함께 조망할 수 있다.

학포는 관내버스로의 이동이 불가능해서인지, 10가구가 채 안 되는 작은 마을이어서인지, 여행자들의 발길이 드문 조용하고 아담한 마을이다. 그래서 더 마음이 닿는 곳이기도 하다. 마을 뒤편에 학이 앉아 있는 형태의 바위가 있다 하여 학포란 이름이 붙여졌다. 하지만 1958년 학의 부리 부분이 비바람에 떨어져 나가 현재는 학의 몸통 부위만 남아 있는 상태다.

이곳은 울릉도의 개척 역사를 보여 주는 유적이 있는 곳 중 하나다. 조선 시대 고종이 파견한 이규원 감찰사가 배 3척에 102명의 수행원을 이끌고 1882년 울릉도에 도착해 처음으로 땅을 밟은 곳이 학포다. 당시 이규원이 울릉도를 조사하면서 기록한 〈검찰일기〉와 지도를 바탕으로 정부 주도하에 매년 개척민들이 울릉도에 들어오게 됐다. 당시에는 개척민들이 꿈과 희망을 품고 첫 발을 내딛던 기회의 땅이 지금은 욕심과 속도는 내려놓고 한없이 머무를 수 있을 만큼 한갓진 풍경이다. 모난 구석 없는 몽돌이 파도에 휩쓸리며 내는 소리를 배경 음악 삼아 낚싯대를 드리워 놓고 있노라면 입질도 꽤나 좋다. 비록 교통은 조금 불편하지만 경치 좋고 조용하니 울릉도에서 손꼽을 만한 매력적이고 낭만적인 마을이다.

🚌 도동 · 저동 버스터미널에서 관내버스 이용하여 학포 마을 입구에서 하차 후(기사분께 미리 알림) 도보로 약 1km

태하

울릉 역사를 담고 있는 마을

태하는 옛 우산국의 도읍지이자 울릉도 개척령이 내려진 이듬해인 1883년 54명의 개척민이 첫발을 디딘 유서 깊은 곳이기도 하다. 울릉도의 행정을 담당하던 치소(治所)도 개척 초기부터 약 21년간 이곳에 있다가 도동으로 옮겨졌다. 울릉도 개척 시대의 역사를 고스란히 담고 있는 마을인 셈이다.

태하의 옛 이름은 황토구미다. 울릉도 개척 당시 사람들이 이곳에 와 보니 산에 황토를 파낸 구멍이 있다 하여 이름 붙였다. 이후 한자식 표기로 '대하(臺霞)'라 부르다가 다시 '태하(台霞)'로 명명되어 오늘에 이르게 되었다. 태하의 황토는 양이 미미한 데다 보통의 부드러운 황토와 달리 단단해 집을 짓거나 담을 쌓는 용도로 쓰이기에는 적합하지 않다. 조선 시대에는 이 황토가 특별한 용도로 사용되었다. 조선 조정에서는 울릉도 개척령(1882년)을 내리기 전까지 왜구의 침입이 빈번하자 울릉도와 독도 주민을 모두 육지로 이주시켰다. 이를 수토 정책이라 하는데 조정에서는 3년에 한 번씩 울릉도와 가까운 육지에 근무하는 삼척영장을 울릉도로 파견해 순찰하도록 했다. 임무를 마치고 육지로 돌아온 수토관에게 순찰 여부를 확인하기 위해 이곳의 황토와 향나무를 바치게 했다고 한다.

🚌 도동 · 저동 버스터미널에서 관내버스 이용하여 태하에서 하차

 **Travel Tip**

해안마을의 으뜸, 태하

울릉도 해안에 있는 여러 마을 중 일정상 딱 한 곳만 둘러봐야 한다면 앞선 울릉도 여행자들은 태하를 추천한다. 일주 도로에서 살짝 비켜나 있어 언제나 고즈넉하고 한가로운 데다 한국의 10대 비경으로 손꼽히는 대풍감을 비롯해 마을 곳곳이 수려한 풍광을 선보인다. 특히 태하의 저녁 노을은 황토보다 붉고 아름답기로 유명해 '태하 낙조'라는 말이 생겼고, 울릉 8경 중 하나로 손꼽힌다.

울릉도의 3無 5多

울릉도는 도둑·공해·뱀이 없고, 향나무·미인·바람·물·돌이 많다 하여 3무(無) 5다(多)의 섬으로 불린다. 도둑질을 해봤자 망망대해에 있는 섬인지라 도망갈 곳이 없고 산업 시설이 없어 공해에 찌들지 않은 청정한 자연환경을 보여 준다. 도둑과 공해가 없는 점에 대해서는 이해가 되나 어딜 가나 나무가 빽빽한 숲이 있는 울릉도에 뱀이 없다는 점에 대해서는 살짝 의구심이 든다. 뱀이 없다 하니 등산로며 둘레길이며 마음 놓고 발을 들이지만 정말 울릉도에는 뱀이 없을까? 오래전 울릉도에 살면서 각종 권력과 이권을 휘두르던 일본인들이 산림을 보호한다는 명목 아래, 우리나라 사람들이 산에서 절대로 나무를 베지 못하게 하려고 육지에서 독사를 가지고 와서 산에 방사하였던 적이 있다고 한다. 그러나 뱀은 울릉도의 자연환경이 맞지 않은지 생장하지 못하고 모두 죽고 말았다. 화산재로 형성된 현무암 지대는 뱀이 살기 힘든 곳일 뿐만 아니라 뱀과 상극인 향나무 숲이 무성해 살기 어려웠던 것이다.

현재는 사람들의 무분별한 벌목으로 보호 받는 신세가 된 향나무는 예전에는 울릉도 지천에서 보기 흔한 종이었다. 돌이야 화산섬이니 쉽게 볼 수 있으며 바람과 물 또한 흔하다. 울릉도에서 가장 심한 욕이 '바람 부는 날 돌에 맞아 죽을 놈'이라는 우스갯소리가 있을 정도다. 울릉도에 미인이 많다고 이야기하는 까닭은 울릉도 물이 미끈미끈해서 그 물로 세안을 하면 피부에 광택이 돌고 부드러워지기 때문이라고 한다.

성하신당

풍년과 풍어를 기원하는 풍습

바다 사람들에게 배를 새로 만들어 바다에 띄우는 일은 일상적이면서 큰일이기도 하다. 이곳 사람들은 배를 띄울 때면 성하신당에서 신에게 무사히 돌아올 수 있기를 빌었다. 태하 버스정류장 앞의 자그마한 성하신당에는 슬픈 전설이 전해진다. 조선 태종 때 조정에서는 김인우라는 인물을 울릉도 안무사(지방에 특사로 파견하던 관직)로 명하고 울릉도 주민들을 육지로 이주시키도록 했다. 주민들을 모두 태우고 울릉도를 떠나기로 한 전날 밤, 잠시 잠을 청하던 그의 꿈에 해신이 나타나 출항할 때 동남동녀 2명을 섬에 두고 가라고 명했다. 대수롭지 않게 생각한 그는 개의치 않고 출항했으나, 갑자기 풍파가 일더니 배가 심하게 흔들리기 시작했다. 꿈이 마음에 걸린 그는 다시 배를 돌려 울릉도로 돌아왔고, 곱게 생긴 소년 소녀를 골라 "내 처소에 두고 온 필묵을 가져오라." 라고 시켰다. 아이들이 안무사의 처소로 향하는 동안 배는 닻을 올려 출항했고 심하게 일던 파도가 잔잔해져 무사히 육지로 돌아올 수 있었다. 늘 섬에 두고 온 아이들이 마음에 걸렸던 그는 8년

뒤 수토관으로 울릉도를 찾았고 서로 꼭 껴안은 두 아이의 백골을 보게 되었다. 그는 아이들의 혼을 달래기 위해 그곳에 사당을 지어 제사를 지냈다. 이후 매년 3월 1일 성하신당에서는 제사를 지내며 풍년과 풍어를 기원하는 풍습이 생겼다.

🚌 도동·저동 버스터미널에서 관내버스 이용하여 태하에서 하차. 버스정류장 바로 앞

🚶 Travel Tip

대풍감전망대에 오르는 방법

대풍감 전망대에 오르는 방법은 3가지가 있다. 각 방법마다 나름의 재미와 볼거리가 있으니 시간적인 여유가 있다면 두 가지 방법을 적절하게 섞어서 여행하는 것도 좋다.

❶ 가장 손쉽게 찾아갈 수 있는 방법은 태하–향목 관광 모노레일을 이용하는 것이다. 동행자 중 노약자가 있거나 시간적인 여유가 없다면 가장 편리하게 이용할 수 있는 방법이다. 상부 정류장에서 대풍감 산책로로 10~15분가량 더 이동해야 하지만 경사가 심하지 않아 산책하기에도 무리가 없다.

❷ 향목 옛길을 이용해서도 대풍감 전망대에 오를 수 있다. 태하 마을에 위치한 태하 교회 옆 민가 벽에 향목 옛길 진입로가 조그맣게 표시되어

있다. 정감 있는 민가와 텃밭을 지나 산책하다 보면 태하를 한눈에 내려다볼 수 있어 최근 이 길을 따라 걷는 여행자들이 늘어나고 있다.

❸ 황토굴 앞 소라 계단을 올라 해안 산책로를 따라 전망대까지 향할 수도 있다. 행남 해안 산책로와 또 다른 느낌이기 때문에 이 코스를 이용하는 여행자도 많다.

대풍감 전망대

간절한 마음으로 세찬 바람을 기다리던 곳

대풍감은 한국 사진 작가 협회에서 뽑은 한국의 10대 비경 중 한 곳, 혹은 미국 CNN이 선정한 한국 최고의 여행지 중에 한 곳이라는 수식어가 항상 따라 붙는다. 여행깨나 다녀 본 신문기들이 손꼽는 여행지 중에 하나이니 대풍감의 절경은 두 말할 것도 없다. 직접 두 눈으로 보고도 한국에 이런 절경이 있었나 하는 감탄이 절로 나온다.

대풍감(待風坎)은 용암이 식으면서 주상절리로 만들어진 바위 절벽으로 '바람을 기다리는 곳'이라는 뜻을 담고 있다. 울릉도에는 배를 만들기에 알맞은 나무가 많아 낡은 배를 타고 여기에 와서 새 배를 만들곤 했는데 돛을 높이 달고 바위 구멍에 닻줄을 매어 놓은 채 본토 쪽으로 불어 대는 세찬 바람을 기다리던 곳이라 하여 대풍감이라 이름 붙였다고 한다. 바람이 불어 돛이 휘어질 듯하면 도끼로 닻줄을 끊어 한달음에 본토까지 갈 수 있었다고 한다.

대풍감 전망대에 올라서면 멀리 코끼리 바위와 송곳봉, 노인봉 등이 눈에 들어온다. 자연이 빚어 놓은 울릉도의 해안선과 푸른 바다가 대풍감의 많은 수식어들을 이해시켜 준다.

대풍감 곳곳에 자생하고 있는 향나무는 바람이 워낙 거센 지역이라 1년에 6mm 정도 자란다고 한다. 옛 이야기에 따르면 이곳에 산불이 발생했을 때 불에 타는 향나무의 향기가 일본까지 전해졌다고 하는데, 사람들이 무분별하게 베어 현재는 접근이 힘든 대풍감에 일부 남아 있으며 통구미 향나무 자생지와 마찬가지로 천연기념물로 보호하고 있다.

태하 등대

낭만이 넘치는 등대

대풍감 전망대 옆에는 울릉도 인근을 항해하는 선박들의 지킴이가 되어 주는 태하 등대가 있다. 태하 등대는 1958년 울릉도에 처음 세워진 등대로, 정식 명칭은 '울릉도 항로 표지 관리소'이고, 울릉 등대로도 불린다. 등대 앞에는 울릉도의 명물 오징어를 형상화한 사람 크기의 동상이 있다. 모노레일 상부 정류장에서 태하 등대로 향하는 산책길 언덕에는 김두경 할아버지와 최필남 할머니 부부가 산다. 'KBS 인간시대'의 '낙원의 케이블카'편에 두 부부의 사연이 소개되면서 부부는 유명인사가 됐다. 노부부에게는 태하-향목 관광 모노레일보다 나이가 많은 케이블카가 있다. 20여 년 전 할아버지는 다리가 아픈 할머니가 가파른 산길을 오르내리는 것을 힘들어하자 이 케이블카를 만들었다. 언뜻 보면 위험천만해 보이지만 몇 십 년 동안 노부부의 다리가 되었다. 지극히

아름답고 따뜻한 이야기에 여행자들은 간간히 노부부의 집을 찾곤 하는데 그때마다 귀찮은 기색 하나 없이 정겹게 맞아 주신다. 우리네들의 할머니, 할아버지처럼 반갑게 맞아 주시니 그 따스한 마음이 전해져 여행이 한결 풍요로워진다.

🚌 대풍감 전망대로 이동하는 방법과 동일

태하-향목 관광 모노레일

태하의 산과 바다를 한눈에 담다

태하-향목 관광 모노레일은 대풍감 전망대까지 가장 쉽게 올라갈 수 있는 방법이다. 제일 다리품을 들이지 않는 이동 수단이면서 태하의 산과 바다를 한눈에 담을 수 있어 해마다 많은 관광객이 찾는 울릉도의 또 다른 즐거움 중 하나다. 총 연장 304m의 상부 정류장까지는 39도의 가파른 경사 구간인데 20인승 카 2대가 분당 50m의 속도로 오간다. 속도가 빠르지도 느리지도 않아 노약자들도 편안하게 즐길 수 있으며 주변 경치를 감상하기에도 좋다. 산꼭대기를 향할 때는 기암과 향나무의 초록 숲이, 내려오는 길에는 울릉도의 서쪽 바다가 장대하게 펼쳐진다. 특히 노을이 질 때쯤 서쪽 하늘과 어우러진 울릉도의 바다는 그 자체로 황홀하다.

모노레일의 탑승 시간은 약 6분 정도이며 상부 정류장에 도착해 10~15분 남짓 호젓하고 아름다운 대풍감 산책로를 걸으면 대풍감 전망대에 도착한다.

🏠 경상북도 울릉군 서면 태하리 113 ☎ 054-790-6631 💰 성인 왕복 4,000원, 편도 2,200원(바람이 강한 날은 안전상의 이유로 운행이 중단되는 경우가 있으니 전화로 먼저 운행 여부 확인) 🚌 도동·저동 버스터미널에서 관내버스 이용하여 태하에서 하차. 태하천을 타고 쭉 내려와 태하 1교에서 우회전 후 도보 약 5분

태하 황토굴

붉은 빛깔의 신비로운 동굴

소라 계단 입구에는 고운 빛깔의 붉은 흙이 뒤덮여 있는 해식 동굴이 있다. 화산재 퇴적물인 응회암이 굳어 만들어진 동굴로 주변의 검은 바위와 대비를 이루어 그 빛이 좀 더 강렬하고 신비로워 보인다. 과거에는 붉은 빛깔로 인해 이 응회암을 황토로 여겼으나 이는 응회암이 변질되는 과정에서 생성된 산화철 입자가 골고루 퍼져 붉게 보이는 것이다.

옛날 강원도 삼척의 어느 사또가 뱃놀이를 나왔다가 풍랑을 만나 표류하여 이곳 울릉도 태하까지 떠내려 오게 되었다. 당시 울릉도에는 사람이 살고 있지 않아 굶어 죽을 지경에 이르렀을 때 누군가 황토굴을 발견하고 파먹어 보았더니 먹어도 될 만큼 맛이 괜찮았다. 결국 사람들은 이 황토를 먹으며 연명하였고 짠맛, 매운맛 등 9가지 맛이 난다 해서 황토구미라 불렀다. 태하의 옛 이름도 여기서 유래되었다. 원래는 황토굴 안쪽까지 들어가 직접 황토를 만져 보고 맛을 볼 수도 있었으나 관광객들의 무분별한 채취와 낙석의 위험 때문에 현재는 굴 안으로의 진입은 불가능하다.

🚌 도동 · 저동 버스터미널에서 관내버스 이용하여 태하에서 하차. 태하천을 타고 쭉 내려와 태하 1교에서 우회전 후 소라 계단까지 직진. 소라 계단 입구

소라 계단과 태하 해안 산책로

행남 해안 산책로와는 또 다른 절경

나선형의 소라 계단은 유독 울릉도에서 많이 볼 수 있는 계단 형태다. 소라 계단 옆으로는 소라 계단이 설치되기 이전에 사용되었던 철제 계단이 있는데 담력을 확인해 볼 수 있는 아찔한 외줄 계단이다. 소라 계단도 걷기에 녹록지는 않다. 절벽에 붙어 있는데다 아래를 내려다보면 바로 밑이 바다라서 바다 위를 둥둥 떠서 걷고 있는 착각이 든다.

태하 해안 산책로는 태하 등대까지 이어진다. 나무 데크로 잘 정비되어 있어 걷기에 편하다. 산책로 주변은 조면암과 집괴암으로 이루어져 있는데 파도와 바람에 의해 침식된 특이한 형태의 지형으로 수려한 해안 절경을 보여 준다. 일몰 즈음에 방문했다면 느긋하게 산책로 데크에 앉아 수평선 너머로 붉은 해가 떨어지는 것을 기다리는 것도 좋다. 같은 해넘이이지만 태하에서의 낙조는 같은 듯 다른 오묘한 빛이 있다.

🚌 도동 · 저동 버스터미널에서 관내버스 이용하여 태하에서 하차. 태하천을 타고 쭉 내려와 태하 1교에서 우회전 후 소라 계단까지 직진. 소라 계단 올라 산책로 진입

입맛을 사로잡는 맛집

단호박과 따개비의 만남 **태양 식당**

여행객보다는 울릉도 주민들이 더 자주 찾는 식당이다. 주민들이 선정한 맛집이라면 재료의 신선도나 맛은 이미 검증을 받은 것과 다름없다. 따개비 칼국수가 대표 메뉴인데 쫀득한 따개비와 면발이 일품이다. 울릉도 단호박이 들어가 좀 더 걸쭉하고 진한 국물이 속을 풀어 준다.

🏠 경상북도 울릉군 서면 남양리 619-3 ☎ 054-791-5617 🍴 따개비 칼국수 12,000원, 따개비죽 17,000원
🚌 도동·저동 버스터미널에서 관내버스 이용하여 남양에서 하차. 울릉순환로 사동 방면으로 약 50m

독도새우빵과 커피를 함께 즐길 수 있는 **카페 래우**

'섬쑥부쟁이'라 불리는 울릉도 대표 나물인 부지깽이로 만든 그린라떼와, 미나릿과의 독특한 향을 가진 향채 식물인 전호나물로 만든 그린와플이 인기 메뉴다. 부지깽이는 소화, 혈액 순환, 기침, 천식에 도움을 주고, 전호나물은 소화 촉진, 자양강장, 잔병 치료에 도움을 주는 것으로 알려져 있다. 카페 래우 옆에 위치한 래우식품에서는 동결건조한 새우가루를 사용해 머리와 꼬리 부분에 각기 맛이 다른 앙금이 들어 있는 독도새우빵을 판매한다. 독도 근방에서만 잡혀 '독도 새우'라고 불리는 여러 품종 중 '새우깡' 포장지 모델로도 유명한 도화새우 모양의 빵이다. 실제 크기가 18cm로 하나만 먹어도 한 끼 식사로 든든하다. 맛도 모양도 참신한 100% 순수 로컬 제품. 포장과 택배 주문도 가능하다.

🏠 경상북도 울릉군 서면 울릉순환로 2160 ☎ 010-2363-0065 🍴 독도새우빵 4,000원, 래우고로쇠에이드 7,000원, 래우그린와플 9,500원, 래우그린라떼 7,000원

낙조와 함께하는 자장면 한 그릇 **광장 반점**

울릉도에서 자장면이 맛있기로 손꼽히는 중국집이다. 면발이 가늘어 호불호가 나뉘지만 느끼하지 않은 옛날 자장면 맛 그대로를 유지하고 있다. 일몰 즈음에는 방으로 들이치는 멋진 낙조를 감상하는 멋도 가히 그만이다.

🏠 경상북도 울릉군 서면 태하리 748-8 ☎ 054-791-7798 🍜 자장면 7,000원, 짬뽕 8,000원 🚌 도동·저동 버스터미널에서 관내버스 이용하여 태하에서 하차. 태하천을 타고 쭉 내려와 태하 1교에서 우회전

해산물이 짬뽕에 듬뿍 **울릉 반점**

울릉도에는 대략 7개의 중국집이 있는데 태하에만 2곳이 자리하고 있으니 우스갯소리로 울릉도의 차이나타운이라고 한다. 울릉 반점의 짬뽕탕은 국물이 일품이다. 오징어, 주꾸미, 홍합, 게 등 해산물이 가득하고 조미료를 넣지 않아 진한 맛이 만족스럽다.

🏠 경상북도 울릉군 서면 태하리 748-7 ☎ 054-791-2235 🍜 자장면 6,000원, 짬뽕 7,000원, 볶음밥 8,000원 🚌 도동·저동 버스터미널에서 관내버스 이용하여 태하에서 하차. 태하천을 타고 쭉 내려와 태하 1교에서 우회전

북면

자연이 그려 놓은 아름다운 풍경

북면은 상반된 풍경으로 여행자들의 눈을 즐겁게 한다. 장엄한 기암절벽과 검푸른 바다가 조화를 이루는 북면의 해안은 강인하고 선이 굵은 남성적인 매력이 돋보인다. 그림으로 치자면 거친 느낌의 갈필이 잘 살아 있는 수묵화 같다. 그러나 해안에서 성인봉과 나리봉, 알봉 등이 에워싸고 있는 북면의 안으로 깊숙이 들어가면 울릉의 유일한 평지인 나리 분지가 아늑하게 펼쳐진다. 목가적인 느낌이 잘 살아나는 한 폭의 풍경화 같다. 때로는 강하게, 때로는 섬세하게 자연이 그려 놓은 아름다운 북면의 풍경은 울릉 여행의 백미로 꼽을 만하다.

Must Do List

★ 성인봉 원시림에서 힐링 트레킹
★ 나리 분지에서 산채 비빔밥 맛보기
★ 해중 전망대에서 수심 6m 바다세상엿보기
★ 관음도 연도교 아래 시리도록
   맑고 투명한 바다 감상
★ 송곳봉, 코끼리 바위, 삼선암에서
   놀라운 자연의 힘을 느껴 보기

현포

고대 우산국의 도읍지

태하에서 현포 가는 길은 굽이굽이 고갯길이다. 제 역할을 하지 못하고 우두커니 서 있는 잿만등 풍력 발전기를 지나면 북면의 첫 얼굴, 현포의 그림 같은 풍경이 나타난다. 노인봉과 송곳봉이 마을을 두루 품어 살피며 먼 바다의 코끼리 바위가 검푸른 바다로부터 마을을 지켜 내니 그 풍광이 소박하고 고요하다. 특히 수평선 너머로 해가 떨어질 때의 현포는 어떤 구도로 프레임에 담아도 작품이 되기 때문에 찾는 이들이 많다.

그림자가 바다에 비치면 바닷물이 검게 보인다는 뜻의 현포는 '거문작지'라고도 불린다. 개척 당시 사람들이 배를 타고 와 보니 대풍감에서 노인봉까지 약 15리가 되는 해안선이 까마득하게 보였기 때문이라 한다. 국가 어항으로 지정되어 있어 꽤나 큰 규모의 방파제도 만들어져 있지만 현포의 표정은 한갓지다. 방파제를 따라 바다로 더 가까이 나아갈수록 마을의 풍경은 수채화 속의 한 장면에 더 가까워진다. 그러나 바람이 거세게 이는 비 오는 날의 표정은 또 다르다. 현포라는 이름처럼 검푸른 바다가 물보라를 일으키며 거센 파도를 밀고 오니 장엄하면서도 거친 풍광에 넋을 놓게 된다.

<동국여지승람>에는 이곳에 촌락 7개소와 석물, 석탑 등이 있었다고 기록돼 있으며, 성터와 선돌

등의 유물과 유적도 남아 있어 우산국의 도읍지로 추정되고 있다. 18세기 <해동지도>에도 석장과 탑이 있는 사찰터가 기록돼 있다. 또한 삼국 시대의 고분군도 있는데, 현재는 많이 훼손되어 있는 상태지만 그 규모로 보아 당시 이 지역을 통치하던 지배층의 권력이 상당했음을 알 수 있다.

🚌 도동 · 저동 버스터미널에서 관내버스 이용하여 현포에서 하차. 약 50분~1시간 소요

현포 전망대

한갓지고 소박한 현포항을 품다

울릉도의 바다는 어디에서 보느냐에 따라 다른 멋을 뽐낸다. 울릉의 북쪽 바다는 울릉도에서도 가장 아름다운 에메랄드빛을 띤다. 목재 데크와 2층 팔각정으로 이루어진 현포 전망대는 노인봉과 탁 트인 울릉도 북쪽 바다의 수평선을 감상하기에 좋은 곳이다. 특히 해 질 녘의 전망대에서 바라보는 일몰이야말로 한 폭의 그림이 되기에 충분하다. 서쪽 바다로 눈을 돌리면 대풍감 해안을 볼 수 있으며 동쪽으로는 성인봉을 볼 수 있다.

🚌 관내버스 이용 시, 따로 버스정류장이 없기 때문에 미리 버스 기사에게 현포 전망대에서 하차한다고 말해 두어야 한다.

빨간 등대와 하얀 등대

저동항을 시작으로 해안 일주 도로를 따라 여행하다 보면 항구 마을마다 방파제 끝에 있는 빨간 등대와 하얀 등대를 볼 수 있다. 바다에서 항구를 바라볼 때 항구의 오른쪽에 빨간 등대, 왼쪽에 하얀 등대가 있는 것이 바다의 규칙이다. 이는 빨간 등대와 하얀 등대 사이에 항구가 있음을 의미한다. 조업을 마치고 항구로 들어오는 선박은 빨간 등대를 보고 왼쪽에 항구가 있음을 알게 되고 반대로 하얀 등대를 보고는 항구가 오른쪽에 있음을 알고 안전하게 입항할 수 있게 된다.

현포동 고분군(도 지정 문화재 제73호)

우산국 역사의 흔적

많은 유물과 유적, 역사적 자료에 의해 고대 우산국 도읍지로 추정되고 있는 현포 일대에는 고분군이 있다. 이 일대 완만한 경사면에는 삼국 시대 것으로 추정되는 40여 기의 석총이 있었지만 대부분 파괴되거나 급감되는 바람에 현재 약 10여 기가 남아 있다. 무덤은 기단을 조성하고, 가운데 장방형의 돌방을 만들어 시신을 넣고, 그 위에 돌로 봉분을 만드는 형태인데, 울릉도에서만 볼 수 있는 독특한 무덤 형태이다. 고분군 주변에는 성터 등 유적이 남아 있어 옛 우산국의 도읍지였을 것으로 추정하는 근거가 되고 있다. 1986년 12월 11일에 도 지정 문화재(제73호)로 지정됐으나 관리가 잘 이루어지고 있지 않아 아쉬움을 남긴다.

🏠 경상북도 울릉군 북면 현포리 680-1 ☎ 054-790-6433 🚌 도동·저동 버스터미널에서 관내버스 이용하여 현포에서 하차. 도보로 약 15분

현포 해양 심층수(파나블루) 공장

천연 미네랄이 한가득!

자연이 맑고 아름답기로 유명한 곳에는 꼭 생수 공장이 있다. 제네바 호수의 남쪽 호안에 위치한 에비앙 레방 근처에서 생산되는 에비앙 생수가 대표적이다. 현포에도 청정 심해수를 끌어올려 생수를 만드는 파나블루 공장이 위치해 있다. 해양 심층수란 태양광이 도달하지 않는 수심 200m 이상의 깊은 곳에 위치한 바닷물을 의미하는데 현재 우리나라를 포함하여 5개 국가만이 취수하고 있다. 특히 울릉도에서는 세계에서 가장 깊은 수심 1,500m에서 해양수를 퍼올리고 있어 천연 미네랄이 풍부하게 함유되어 있다. 아쉽

게도 일반인들의 출입은 통제되어 공장 안을 둘러보는 것은 어렵지만 울릉도 곳곳에서 해양 심층수를 구입할 수 있다.

🏠 경상북도 울릉군 북면 현포리 492

울릉 예림원

아름다운 한 폭의 동양화

울릉도에서 자연이 만들어 낸 무한한 광경을 감상했다면 이제 오랜 시간 사람의 열정으로 일군 감동을 느껴 볼 차례다. 노인봉 산자락에 위치한 울릉 예림원은 울릉도 유일의 식물원이자 우리나라 최초의 문자 조각 공원이다. 전직 해양 경찰이자 서예가인 박경원 원장이 수집하고 가꾼 분재와 수석, 조각 등을 전시하고 있다. 풀 한 포기, 돌 한 조각까지 일일이 사람 손을 거쳐 조성된 1만여 평의 공원 곳곳에는 울릉 지역의 자생 분재와 희귀 야생화 분재가 전시되어 있으며, 울릉도 자생 수목 등이 뿌리를 내리고 있다. 사람의 힘으로 일군 공간이지만 푸른 숲과 옥빛 바다가 한데 어우러져 장관을 연출한다.

예림원은 노인봉 기슭의 해발 70m 지점에 위치해 있기 때문에 조망이 훌륭하다. 특히 절벽 위 전망 데크는 최고의 포토존이다. 코끼리 바위, 조개 바위 등 바다 풍경은 물론, 평온한 현포항 전경을 한눈에 볼 수 있다. 예림원 내부에는 관광객들의 건강을 위해 만들었다는 몽돌 지압 코스와 용출수를 이용해 만든 인공 폭포 등이 특색 있게 설치되어 있다. 곳곳에 전시된 문자 조각 작품과 탐스럽게 터지는 야생화 꽃망울이 어우러지니 카메라 셔터를 쉴 새 없이 누를 수밖에 없다.

울창한 숲과 바다 풍경에 빠져 여유로운 산책을 하다 갈증이 느껴지면 양심 매점을 찾도록 하자. 마음에 드는 음료와 아이스크림을 냉장고에서 꺼낸 뒤 양심껏 계산함에 돈을 넣으면 된다. 달달한 믹스 커피가 생각나는 이들을 위해 셀프로 커피를 끓여 마실 수 있는 공간도 마련되어 있다.

🏠 경상북도 울릉군 북면 현포리 317-4번지 ☎ 054-791-9922 ₩ 일반 5,000원, 경로·학생 4,000원(우천 시 관람객에게 우산 편의 제공) 🕘 09:00~18:00(날씨와 계절에 따라 변동이 있으니 전화 문의) 🚌 도동·저동 버스터미널에서 관내버스 이용하여 예림원에서 하차 (버스정류장이 따로 있지 않기 때문에 미리 버스 기사에게 말해 두어야 한다.)

울릉 천국

★ 누구에게나 열려 있는 이곳이 천국

가수 이장희는 울릉도와 닮았다. 가창력은 뛰어나지 않지만 그의 음악만이 주는 각별한 분위기가 있고, 틀에서 벗어난 그의 실제 인생과 맞닿아 리얼하고 자유로운 느낌이 있다. 1970년대 〈그건 너〉, 〈나 야 나〉 등의 곡으로 인기를 얻으며 5만 장 이상의 음반 판매고를 올리던 그가 울릉도에 터전을 잡고 제2의 인생을 선택한 것이 낯설지 않은 이유는 그와 울릉도가 닮은 구석이 있기 때문이다.

관광객들이 한 번쯤 가 보고 싶어 하는 곳으로 꼽는 이장희의 울릉 천국은 그가 손수 애정을 담아 꾸민 그의 터전이자 쉼터이며 때때로 작은 공연장이 되기도 한다. 그의 가옥 앞쪽에 평리 침례교회가 있는데, 교회 위에 자리를 잡았으니 천국이라는 뜻으로 '울릉 천국'이라 이름 붙였다고 한다. 한 시절을 풍미하던 가수의 집이라고 하기엔 소박하고 아담하지만 삐죽 솟은 송곳봉과 송곳봉을 비추는 작은 연못이 천국 같은 풍경을 그려 낸다. 그는 이곳에서 더덕 농사도 짓고 작곡도 하고 기타도 튕긴다. 농사를 위해 설치한 모노레일도 눈에 띈다. 연예인의 사적 공간에 간들 무엇하느냐 묻는 이들도 있겠지만, 1만 명 남짓한 울릉도민들이 모두 그의 집이 어디 있는지 알며 울릉도에서 정기적으로 콘서트를 이어 나가니 이장희는 이제 울릉도를 대표하는 이름이다. 사적 공간을 나눔과 열린 공간으로 제공한 그의 마음처럼 울릉 천국은 포근하고 아늑해 호젓이 산책하기 그만이다. 울릉도 안의 작은 울릉도라고 불러도 손색없을 만큼 낭만적인 공간이다. 산책을 하다 보면 곳곳에 이장희의 절친인 조영남, 김종만, 윤형주 등의 사인이 새겨진 비석을 볼 수 있다.

🚌 도동·저동 버스터미널에서 관내버스 이용하여 평리에서 하차. 도보로 약 20여 분

추산

하늘을 찌를 듯 강한 힘

추산의 상징은 송곳산이다. 이름 그대로 산의 모양이 마치 송곳을 수직으로 세워 놓은 것과 같다고 하여 송곳산이라 불린다. 해발 430m의 송곳산은 해안선과의 거리가 짧아 실제보다 더 높고 웅장해 보여 북면의 절경으로 손꼽힌다.

송곳산 동쪽 기슭에는 추산 마을이 있다. 해안 절벽 위에 형성된 마을이라 일주 도로에서는 마을이 눈에 잘 들어오지 않는다. 수직으로 잘려 나간 절벽 위 마을이지만 꽤나 넓은 평지에 탁 트인 바다 전망이 좋아 며칠쯤 머무르고 싶은 마음이 절로 든다. 마을에는 민가 몇 채와 비교적 널찍한 밭도 있다. 영화 속에서나 나올 법한 아담한 교회도 민가 사이로 눈에 띈다. 울릉도 주민인 가수 김완선의 부모님이 낸 건축 헌금으로 지어진 추산 침례교회다.

송곳산 바로 아래로는 거대한 석조여래좌상이 봉안된 성불사가 있다. 풍수지리에 대해 무지한 사람이라 해도 울릉도에서 가장 기(氣)가 좋은 곳으로 손꼽을 만큼 터가 좋다. 성불사 앞으로는 훤히 트여 바다가 내려다보이지만 나머지 삼면은 산줄기가 에워 감싸니 강한 힘이 느껴지면서도 편안하고 넉넉하다. 불자가 아니라도 그 기운이 고스란히 전해진다. 성불사에서 송곳산을 올려다보면 깊이를 가늠하기 힘든 큰 구멍이 있다. 천지개벽 때 옥황상제가 죄가 없는 울릉도 사람을 낚시로 낚아 하늘로 올려 보내기 위해 뚫어 놓은 구멍이라는 전설이 전해진다.

🚌 도동·저동 버스터미널에서 관내버스 이용하여 추산에서 하차. 약 1시간~1시간 10분 소요. 추산길을 따라 도보로 약 10~15분 이동

추산 몽돌 해수욕장

몽돌에 부서지는 하얀 파도

용출소에서 흘러 내려오는 물과 바닷물이 만나는 지점에 위치한 해수욕장이다. 그래서인지 바다의 끈적임이나 짠 내가 덜한 듯 느껴지기도 한다. 물이 맑고 투명해 스쿠버 다이빙을 즐기기에 좋아서 에메랄드 해상 스포츠 마니아들이 찾는 곳이기도 하다. 모래가 아닌 몽돌로 이루어져 어린아이들이 물놀이하기에는 약간의 불편함이 따를 수 있으나 물이 맑아 따개비와 고둥도 따고 물고기도 잡을 수 있어 체험 학습장으로 좋다.

🚌 도동·저동 버스터미널에서 관내버스 이용하여 추산에서 하차

코끼리 바위(공암)

장엄하고 웅장한 자연의 힘

바위 모양이 물속에 코를 담그고 있는 코끼리를 닮았다고 해서 코끼리 바위라고 불린다. 코 아래에는 작은 선박이 드나들 수 있을 정도의 아치형 해식 동굴이 있어 '공암(孔岩)'이라고도 한다. 울릉도 해상 3대 비경으로 손꼽힐 만큼 그 모양이 정교하고 경이롭다. 표면은 주상절리 현상에 의해 장작을 패어 차곡차곡 쌓아 놓은 형태를 하고 있는데, 흡사 코끼리의 주름진 피부를 닮았다. 용암이 분출한 직후 미처 식기 전에 다른 용암이 유입되면서 이런 형태가 만들어졌는데, 마치 사람이 일일이 돌을 깎아 만든 것처럼 섬세한 형상에서 자연의 신비를 느낄 수 있다. 현포와 추산을 잇는 북면 해안 일주 도로 어디에서든 코끼리 바위를 볼 수 있지만 좀 더 가까이에서 그 모습을 확인하고 싶다면 섬 일주 유람선을 타는 편이 좋다.

🚌 현포에서 추산 방향으로 해안 일주 도로를 따라 왼쪽 방향

천부

오랜 여운이 남는 따뜻한 마을

천부는 도동·저동에서 출발한 관내버스의 종착지이자 나리 분지·석포·섬목으로 향하는 기착지이다. 어느 곳이든 갈 수 있는 길머리이면서 북면 사무소 소재지까지 끼고 있는 어항이지만 늘 소박하고 호젓하다. 그래서 골목길에 대한 향수를 가지고 있는 이들이라면 천부의 골목길을 찬찬히 거닐어 보는 것도 좋다. 울릉도의 다른 마을들과 달리 경사가 완만한 편인데다 정감 넘치는 골목길의 모습이 그대로 남아 옛 추억에 잠기기에 좋다.

고종 때 울릉도 개척령이 내려진 직후 이곳에 이주해 온 사람들이 나무를 베어 낸 후 사방을 둘러보니 나무를 베어 낸 곳으로만 동그랗게 하늘이 보여 '천부(天府)'라는 이름을 붙였다고 한다. 오래전부터 항구가 들어서 있던 곳이어서 '옛 선창'이라고도 불렀으며 왜놈들이 몰래 들어와 벌목을 하고 고기잡이를 했다 하여 '왜선창'이라 부르기도 했다.

천부 마을 입구에는 천연 냉장고인 풍혈이 있다. 땅 밑으로 흐르는 지하수의 찬 공기가 바위틈으로 흘러나오는데 봉래 폭포 풍혈과 마찬가지로 여름에는 시원하고, 겨울에는 따뜻하게 느껴진다. 에어컨 바람과 달리 오래 쐬어도 머리가 아프지 않고 맑고 시원해 트레킹 중 들러 휴식을 취하기에도 좋다.

여름 성수기 시즌에는 천부항 주변에 바닷물을 끌어올린 해수 풀이 개장한다. 물이 깨끗하고 수심도 비교적 적당해 아이들과 해수욕을 즐기기에도 좋다. 송곳봉과 코끼리 바위 등을 조망하며 물놀이를 즐길 수 있어 성수기 시즌에는 찾는 이들

이 많다. 오징어 축제 기간에 해수 풀은 오징어 맨손 잡기 대회가 열리는 장으로 변신한다. 이때 잡은 오징어는 즉석에서 회로 먹을 수 있어 잡는 재미와 먹는 재미를 동시에 느낄 수 있다..

🚌 도동·저동 버스터미널에서 관내버스 이용하여 천부에서 하차. 약 1시간~1시간 10분 소요

천부의 낙조

여름에 개장하는 천부 해수 풀

울릉도의 향기가 물씬 섬백리향

오징어, 명이나물, 호박엿도 좋지만 색다른 기념품을 구매하고 싶다면 섬백리향에서의 쇼핑은 어떨까? 섬백리향은 그 향이 백 리까지 간다고 하여 붙여진 이름으로 천연기념물 제52호로 지정된 울릉도의 특산품이다. 울릉도 자생 식물로 줄기와 잎은 약재로 쓰일 만큼 유용하다. 섬백리향은 향이 은은하고 부드러우며, 항암 및 항알러지 효능과 뇌 활성화 효과가 있어 차로 마셔도 좋다. 이곳에서는 직접 섬백리향을 재배하여 이를 이용한 화장품과 향수, 차를 판매하고 있다. 섬백리향으로 만든 제품은 향이 은은하고 피부에 생기를 주어 피부 건강에 관심 있는 여행자들은 쉽게 지나치지 못한다고.

🏠 경상북도 울릉군 북면 천부리 458-1
☎ 054-791-7725　₩ 향수 30,000원, 스킨 29,000원, 비비크림 29,000원　🚌 천부항에서 나리 분지 방향으로 도보 25분

해중 전망대

수심 6m 속 바다 풍경

해중 전망대는 국내 최초의 수중 전망대이다. 육지에서 제작된 1600t의 해중 전망대는 3000t급 크레인에 의해 천부 해안에 안전하게 안치되었다. 천부 해변 공원에서 100m 길이의 도교를 건너 해중 전망대로 입장하게 되는데, 바다 위를 걷는 것도 특별한 경험이다. 해상 전망대를 통해 울릉도 자연의 신비한 아름다운 경관을 조망한 후 엘리베이터를 타고 깊이 6m 물속으로 들어가 울릉도 바닷속의 아름다운 해양 생태계, 물고기 등을 관찰할 수 있다.

🏠 경상북도 울릉군 북면 천부리 718-54　🕘 09:00~18:00(동절기 17:00까지)　₩ 대인 4,000원, 소인 2,000원　☎ 054-791-6983　🚌 도동·저동 버스터미널에서 관내버스 이용하여 천부에서 하차. 버스정류장에서 섬목 방향으로 도보 약 5분

죽암

서쪽 하늘을 물들이는 노을의 색조

예로부터 오죽과 장죽, 왕죽 등의 대나무가 많아 '대바우'로 불렸던 죽암은 해안 일주 도로의 끄트머리에 있다. 천부를 지나면서 오가는 차도 눈에 띄게 줄고 이제 일주 도로변에 남은 마을도 몇 안 되기 때문에 호젓하게 울릉도의 속살을 살피기에 좋은 장소다. 툭 잘라 낸 듯한 해안 절벽과 쪽빛 바다가 섬 특유의 장관을 이룬다. 여름철 죽암 해수욕장은 해수욕을 즐기기에 좋다. 굵은 몽돌이 깔려 있어 걸어 다니기가 불편하지만 지겟골 계곡의 죽암천에서 맑은 물이 흘러들어와 해수욕과 담수욕을 동시에 즐길 수 있다.

죽암 앞바다에는 딴 바위가 우뚝 서 있다. 삼선암으로 오인하는 사람이 많아 삼선암에 속하지 않는 다른 바위라는 뜻에서 '딴 바위'라고 이름 붙여졌다. 장군처럼 듬직하다 해서 '장군 바위'라고도 불린다. 해 질 녘에 딴 바위 사이로 햇살이 자취를 감출 때쯤이면 바위와 바다, 붉은 노을이 장관을 이룬다.

🚌 도동·저동 버스터미널에서 관내버스 이용하여 천부에서 하차. 이후 선창·석포 혹은 관음도행 버스로 갈아타고 죽암에서 하차

삼선암

세 선녀의 이야기

북면 석포 앞바다에 위치한 삼선암은 멀리서 보면 2개의 바위로 보이지만 가까이서 보면 3개의 기암이다. 공암, 관음도와 함께 울릉 3대 비경으로 꼽으며, 그중에서도 단연 삼선암이 1경이다. 삼선암에는 지상으로 놀러 온 세 명의 선녀에 대한 전설이 전해진다. 빼어난 경치에 흠뻑 빠진 선녀가 자주 이곳에서 목욕을 즐긴 뒤 하늘로 올라가곤 했는데 놀이에 열중하다가 돌아갈 시간을 놓쳐 옥황상제의 노여움을 사 바위로 변했다는 이야기다. 특히 막내 선녀가 좀 더 놀다 가자고 졸라 대는 바람에 하늘로 갈 시간을 놓쳤다는 이야기가 전해진다. 다른 이야기로는 옥황상제가 세 선녀와 함께 하늘에서 가장 힘이 센 장수와 날쌘 용을 보냈는데 막내 선녀가 함께 온 장수와 눈이 맞아 정을 나누었다가 옥황상제가 화가 나 바위로 만들었다고 한다. 나란히 붙은 두 개의 바위에는 풀과 나무가 자라고 있지만 홀로 떨어진 바위에는 풀 한 포기도 자라지 않는다. 이는 옥황상제의 노여움을 더 받은 막내 선녀에게 가해진 벌이라는 것이다.

세 선녀를 연상시키는 세 바위의 높이는 각각 107m, 89m, 58m에 이른다. 홀로 떨어진 바위는 '가위 바위'라고 불린다. 이곳은 천부리에서 울릉읍 도동리로 가는 뱃길 중에 가장 물결이 거센 곳이라서, 과거엔 1년에 한 번씩 처녀를 용왕에게 바치는 풍습이 있었다는 이야기가 전해진다.

🚌 죽암에서 섬목 방향으로 해안 일주 도로를 따라 왼쪽 방향

선녀탕

환상적인 물빛

삼선암 바로 앞 일주 도로를 따라가다 보면 바위로 만 들어진 작은 굴을 통과하 게 된다. 바위굴 아래 얕은 바다를 선녀탕이라고 부른 다. 수심이 얕고 아담한 데다 에메랄드색을 띠는 청초한 물빛 때문에 선녀탕이라는 이름이 잘 어울린다.

🚌 죽암에서 섬목 방향으로 해안 일주 도로를 따라 왼쪽 방향

섬목

해안 일주 도로의 끝이자 시작

오랜 세월 동안 지속된 풍화 작용으로 뻗어진 모 양이 섬의 목처럼 생겨서 섬목이라고 불렀다. 배 를 정박하기 좋은 항구라 하여 선창포라 부르기 도 한다.

일주 도로가 없던 시절에는 섬목이 해안 일주 도 로의 끝이었다. 가파른 지형 탓에 섬목에서 내수 전에 이르는 4.75km 구간이 연결되지 못했기 때 문이다. 이 때문에 늘 왔던 길을 되돌아가야 하는 수고로움이 따랐다. 하지만 지난 2019년 일주 도 로의 마지막 구간이 연결되면서 총 44.2km 울릉 도 일주 도로가 완성되었다. 비로소 울릉도 해안 을 따라 한 바퀴를 돌 수 있는 이름 그대로의 일주 도로가 시작된 것이다. 통행 시간이 대폭 단축된 것은 물론 태풍이나 장마로 인한 자연재해 시 발 생했던 고립 문제까지 해결하여 좀 더 안전하고 편리한 여행이 가능하게 되었다.

🚌 도동·저동·천부 버스터미널에서 섬 일주 노선 관내버 스 이용

관음도

깍새들의 고향

저동항에서 북동쪽으로 5km 떨어진 섬목 앞바다에 위치한 무인도이다. 총면적 약 70,000m², 높이 106m, 둘레 약 800m로 독도와 죽도에 이어 세 번째로 큰 부속 섬이다.

관음도는 과거 깍새섬으로 불렸다. 울릉도 개척 당시 경주에서 건너온 어부가 바다에서 고기를 잡다가 태풍을 만나 이곳으로 피신을 했다. 추위와 배고픔에 시달리던 어부가 간신히 불을 피우자 깍새가 날아들었는데, 이 새를 잡아 구워 먹었더니 맛이 아주 좋았다 하여 관음도를 깍새섬으로 부르게 되었다. 깍새는 슴새의 울릉도 방언인데, 예전엔 울릉도 지천에서 쉽게 볼 수 있었으나 요즘엔 보기가 힘든 희귀한 새가 되어 천연기념물로 지정돼 보호를 받는다.

울릉도에서 가장 가까운 섬이지만 사실상 미지의 섬이었던 관음도는 총 90여 억 원의 비용을 들여 지난 2012년 5월 준공한 보행 연도교 덕택에 여행자들과 한층 가까워졌다. 연도교는 본섬에서 불과 100여m 떨어진 관음도를 연결하는 보행 전용 다리로 길이 140m, 높이 37m, 폭 3m 규모다. 거대한 철근 구조물이 다소 삭막해 보일지 모르나 연도교 아래의 곱고 아름다운 물빛을 보지 못했다면 반쪽짜리 울릉도 여행을 했다고 할 정도

이다. 연도교를 지날 때는 시원하게 부는 바람 사이로 모자나 스카프가 날아가 버릴 수 있으므로 모자와 스카프를 단단히 간수해야 한다.

연도교를 건너 관음도 목재 데크 계단을 따라 오르면 800여m의 탐방로가 나온다. 탐방로를 따라 걷다 보면 섬 전체를 한 바퀴 산책할 수 있는데, 여기저기 갈매기들의 모습이 눈에 띈다. 탐방로 곳곳에 위치한 전망대에서는 잠시 발걸음을 멈추고 먼바다의 속살을 들여다보자. 탐방로를 걷는 데 40분~1시간이면 족하다.

관음도 절벽 아래에는 울릉도 3대 비경 중 하나인 관음쌍굴이 있다. 해안 절벽에 높이 약 14m인 두 동굴이 나란히 자리 잡고 있는데, 일주 도로에서는 잘 보이지 않고 유람선을 타고 바다 위에서 봐야 그 크기와 질감을 제대로 느낄 수 있다. 관음쌍굴은 예전에는 해적의 소굴로 이용되었다고 전해지며, 동굴의 천장에서 떨어지는 물을 받아 마시면 장수한다는 설이 있다.

🏠 경상북도 울릉군 북면 천부 4리 🚌 관내버스로 일주노선을 이용하여 관음도 하차 🕐 4월 1일~ 10월 31일 08:00~19:00, 11월 1일~3월 31일 09:00~17:00(매표 시간 09:00~16:00, 바람이 초속 15m 이상 지속적으로 불면 안전을 위해서 출입 통제) ₩ 4,000원 ☎ 054-791-6022

석포

정이 넘치는 마을

석포는 일부러 찾지 않으면 제 모습을 좀처럼 드러내지 않는 곳이다. 아마도 울릉도 해안가에 자리한 마을 중 가장 찾아가기 힘든 곳이지 않을까 싶다. 수직으로 뚝 떨어지는 해안 절벽 위에 올라앉았기 때문이다. 험한 곳에 자리 잡았지만 석포는 산과 바다를 끼고 있는 데다 마을을 감싸 안듯 후박나무와 섬조릿대가 무성해 빼어난 풍광을 보여 준다. 개척 당시 주민들이 이곳에 정착하여 오랫동안 살다 보니 정이 들어 외지로 이주할 때는 울고 갈 정도라 하여 '정들포', '정들깨'라 불렀을 정도로, 험한 자리와 달리 정감 넘치고 따뜻한 마을이다. 하지만 일제 강점기를 거치면서 단순히 마을 주변으로 돌이 많다 하여 무미건조하게 석포(石圃)라는 이름이 붙여졌다.

석포는 내수전 일출 전망대까지 이르는 석포 옛길의 시작점이자 종점이다. 울릉도 최고의 트레킹 코스 중 하나로 손꼽히는 만큼 울릉도에서만 볼 수 있는 독특한 풍광과 생태를 온몸으로 느낄 수 있다. 울릉도에서 유일하게 일출과 일몰의 풍경을 모두 바라볼 수 있는 석포 전망대 역시 놓쳐서는 안 될 포인트다. 석포 전망대에서는 울릉도 3대 비경인 공암(코끼리 바위), 관음도, 삼선암과 함께 죽도, 북면의 해안 절경, 기암괴석 등을 한눈에 조망할 수 있다.

🚌 도보로 이동하게 된다면 해안 일주 도로변의 선창 마을에서 석포 진입로를 따라 오르면 되나 추천하기는 힘든 코스다. 강원도 첩첩 산중의 비포장 임도를 연상케 할 정도로 폭이 좁고 구불구불하며 경사가 급하다. 따라서 도보로의 이동보다는 관내버스 이용이 좋다. 도동·저동에서 관내버스를 이용하여 천부까지 이동한 후 천부에서 석포행 버스로 갈아타면 된다. 석포행 버스는 하루에 8대만 운행되고 있어 환승 시간을 잘 맞추는 것이 관건이다.

안용복 기념관

독도는 내 손으로 지킨다

석포행 버스의 종점에 자리한 안용복 기념관은 국토 수호 정신을 기리고, 독도 영유권 의지를 고취하기 위해 지난 2013년 문을 열었다. 독도의 수호신으로 손꼽히는 안용복은 울릉도의 어부였으나 일본에 가서 울릉도가 조선의 땅임을 강력히 주장하여 막부로부터 울릉도가 조선의 영토임을 확인하는 서계(書契)를 받아온 민간 외교가이다. 안용복 기념관에서는 양반도 정치가도 아닌 평범한 어부가 이루어 낸 평범하지 않은 발자취를 확인할 수 있다. 안용복의 자료와 영상을 소개하는 전시실과 4D 영상관, 포토존 등이 있으며, 일본의 불법적인 독도 침탈에 대항해

안용복이 일본으로 갈 때 타고 갔던 판옥선이 설치돼 있다.

🏠 경상북도 울릉군 북면 천부리 90-1   ⏰ 09:00~18:00 / 4D 영상 시간 오전 10:00, 오후 14:00, 16:00
☎ 054-791-8871   🚌 도동·저동 버스터미널에서 관내버스 이용하여 천부에서 하차. 이후 석포행 버스로 갈아타고 종점에서 하차. 버스정류장 바로 앞

석포 전망대

일출과 일몰을 한자리에서

울릉도 북동쪽 끝자락에 위치한 석포 전망대는 울릉도에서 유일하게 일출과 일몰을 모두 바라볼 수 있는 전망대이다. 울릉도 3대 비경인 공암(코끼리 바위), 관음도, 삼선암과 함께 죽도, 북면의 해안 절경, 기암괴석 등 천혜의 자연 경관이 한눈에 펼쳐진다.

선경을 감상하며 풍월을 읊어야 할 것 같은 석포 전망대지만 사실 이곳은 오래전 망루가 있던 자리다. 울릉도에는 3개의 망루가 있는데 그중 하나가 북쪽 망루인 석포 전망대다. 대한 해협과 울릉도, 독도 주변 바다에서 러일 전쟁이 발발하자 일제는 러시아 군함을 관측하기 위해 이곳을 전략적인 망루로 사용하였다.

울릉도의 가을은 설악이나 내장산 못지않게 붉디붉은데 특히 석포 전망대로 오르는 단풍길은 유난히도 붉다. 이곳 단풍이 유달리 붉은 까닭은 아픈 상처가 남은 길이기 때문이라고 얘기하는 사람들도 있다. 우리 국토를 수호하기 위함이 아닌 남의 나라의 세력 다툼에 끼어 막사를 설치하고 전쟁에 동원되었을 이곳 주민들의 슬픔이 고스란히 묻어난다. 잔인한 역사의 잔재가 남아 있는 곳이지만 일단 석포 전망대에 서면 눈앞에 펼쳐지는 환상적인 풍경에 꿈쩍도 할 수 없다. 가는 길이 쉽지 않지만 전혀 고되지 않다고 느껴지는 비경이다.

🏠 경상북도 울릉군 북면 천부리 산10-1번지 🚌 도동·저동 버스터미널에서 관내버스 이용하여 천부에서 하차. 이후 선창·석포행 버스로 갈아타고 석포에서 하차. 도보로 약 20분 이동

정매화곡 쉼터

따뜻한 정이 넘치는 공간

정매화라는 인물이 살던 외딴집이 있었다 하여 울릉도 주민들은 '정매화골'이라고도 부른다. 일부러 찾아가기에도 녹록지 않을 이 험한 산속에 1962년 이효영 씨 부부가 삼남매와 함께 정착해 1981년까지 19년을 거주하면서 폭설이나 폭우 속에 조난을 당한 사람을 구했는데 그 인원이 300여 명에 달했다는 미담이 전해지는 곳이기도 하다. 지금은 석포 옛길 트레킹 중에 들러 잠시 숨을 돌리고 갈 수 있는 쉼터로 남아 있다. 쉼터 주변으로 봄이면 벚꽃이 흐드러지게 피고 청량한 계곡물이 기운차게 흘러 그림 같은 풍경을 이룬다.

🏠 석포-내수전 옛길에 위치

울릉도 앞바다에 보물선이 있다?!

러시아와 일본이 만주와 한국의 지배권을 놓고 치열한 전투를 벌이던 1905년 러일 전쟁의 막바지. 일본의 승리로 추가 기울자 러시아 함대 사령관은 쓰시마 해협에서 일본과 격렬하게 전투 중이던 돈스코이호에게 항복을 명령했다. 하지만 돈스코이호는 쇠뿌까지 일본 선함 3척을 침몰시키고 570명의 러시아 수병을 울릉도에 안전하게 내려놓은 뒤 배수판을 열고 침몰을 선택했다. 항복 대신 스스로 울릉도 앞바다에 가라앉길 선택한 영웅적인 전함이었던 셈이다. 돈스코이호는 일본에 맞서 끝까지 자존심을 지킨 러시아의 정신으로도 유명하지만 배 안에 150조 원 상당의 금괴가 실려 있다는 기록으로 더 화제다. 여기에 100년 전의 보드카도 다수 실려 있다고 하는데, 1912년 북대서양에서 침몰한 타이타닉호에서 건져 올린 와인 한 병이 1억 5천만 원에 경매로 낙찰된 것을 감안하면 돈스코이호를 보물선이라고 부르는 것도 무리가 아니다.

★ 돈스코이호를 발견한 한국의 과학자

보물섬 돈스코이호를 최초로 발견한 사람은 한국의 과학자, 유해수 박사다. 2003년 5월 유인 잠수함을 타고 내려가 울릉도 앞바다 해저 400m에서 찾아냈는데, 이는 침몰된 지 98년 만의 일이다. 전설로 내려오는 돈스코이호에 대해 밤을 지새우며 공부하고, 울릉도 주민들의 구술 기록, 독도 수비대장 홍순칠 씨가 선대로부터 전해 들은 이야기 등을 토대로 돈스코이호 발굴 사업을 준비해 왔다. 돈스코이호가 발견된 정확한 지점은 울릉도 저동 동쪽으로 약 2km 떨어진 해역의 약 50도 비탈진 심해 계곡 중턱의 수심 400m 지점이다.

★ 돈스코이호에 탔던 러시아 승조원, 울릉도 처자와 결혼까지

울릉도에 상륙한 돈스코이호 승조원은 상당수 부상을 당한 상태였다. 이때 울릉도 주민은 이들을 정성껏 간호해 주었다. 이때 울릉도에 하선한 한 러시아 군인은 울릉도에 체류하다가 울릉도 처자와 결혼해 딸까지 낳았다는 이야기가 전해진다. 그 딸이 서울로 이사를 왔다는 후일담도 있다. 또한 돈스코이호를 이끌던 레베데프 함장은 일본으로 끌려간 다음 날 심한 대퇴부 부상으로 사망했다. 포로 수용소의 돈스코이 장병들은 일본에게 영웅의 마지막 길을 위한 성대한 장례식을 요구했고 일본 역시 "위대한 함장에게 경의를 표한다."라며 요구에 응했다. 전쟁 포로임에도 불구하고 수많은 조문객들이 찾아온 것으로 보아 평소 얼마나 신망이 두터웠던 함장이었는지를 짐작할 수 있었다. 함장의 유해는 일본 나가사키의 러시아인 묘지에 안장되었다가 종전 후 러시아로 송환되었다.

★ 돈스코이호 인양 비용은 얼마나 될까?

돈스코이호 인양 비용은 인양 방법에 따라 차이가 있지만 전문가들은 대략 800억 원으로 추산하고 있다. 엄청난 비용도 문제지만 침몰 군함의 소유권 문제가 국제법적으로 명확하지 않기 때문에 구체적인 인양 계획이 진행되기까지는 다소 시간이 걸릴 것으로 보고 있다.

나리 분지

어머니의 품처럼 넓고 포근한 대지

울릉도는 수직과 오름, 굽이의 아름다움을 느낄 수 있는 곳이다. 어느 여행지 하나 오르고 굽이돌지 않는 곳이 없다. 눈 씻고 찾아 봐도 평지라고는 없을 것만 같은 울릉도에도 육지의 평야에 버금가는 드넓은 평야가 있으니 바로 나리 분지다. 동서 1.5km, 남북 2km 길이에, 면적이 198만m²에 이르는 나리 분지는 화산 분화구 속에 자리 잡은 마을이다. 울릉도 생성 당시 강력한 화산 폭발로 생긴 분화구 안에 화산재가 쌓이면서 나리 분지가 만들어졌다. 해발 986.7m의 성인봉과 538m의 알봉을 비롯해 천두봉과 형제봉 등이 나리 분지를 굽어 살피며 감싸고 있으니 '울릉도의 품'이라는 애칭처럼 아늑하고 포근한 느낌이 든다.

나리라는 지명은 유난히 '라도(전라도)' 사람이 많이 들어와 살던 곳이라 하여 붙여졌다는 설도 있지만, 그보다는 이주민들이 섬말나리의 뿌리를 캐 먹으면서 살아온 데서 비롯되었다는 게 정설이다. 화산 쇄설물과 화산재로 이뤄진 나리 분지가 살기에 좋을 리가 없었다. 농사를 짓기엔 척박한 땅이었다. 이 때문에 이주민들은 더덕, 산나물, 참고비, 천궁 등의 산나물과 약초를 재배해 살았다. 최근엔 관광지로 이름을 알리면서 마을 주민들이 식당과 숙박업, 고로쇠와 산나물 채취 등으로 수익을 올려 부농 마을로 자리매김했다.

나리 분지는 계절마다 다른 그림을 그려 내지만 특히 겨울철 나리 분지의 모습은 두 눈을 의심할 정도로 장관이다. 최대 3~4m까지 눈이 쌓이는 설국으로 변신하기 때문이다. 국내 제일의 다설지라는 수식에 걸맞게 꽃 피는 봄이 되어도 곳곳에 쌓인 눈을 볼 수 있다. 원 없이 눈을 즐길 수 있는 탓에 12월부터는 각종 동호회 등 마니아들이 이곳을 찾는다. 눈길이 험난하지만 산악 스포츠를 즐기려는 이들이 갖은 장비로 무장하고 스키 눈썰매, 스노우 래프팅, 스노우 슬라이딩 등을 즐긴다. 자연설을 고스란히 즐길 수 있는 최고의 장소지만 가파른 지형과 엄청난 적설량으로 인해 종종 스포츠를 즐기던 관광객들의 사고가 발생하기도 하니 안전사고에 주의해야 한다.

겨울철 나리 분지의 고로쇠도 유명하다. 다른 종과 교배 없이 순수하게 울릉도에서 자생한 고로쇠나무에서 채취하는데 눈을 헤치고 직접 작업하기 때문에 그 양이 많지 않다. 일반적으로 먹던 고로쇠와는 맛이 약간 다른데 당도가 높고 사포닌이 함유되어 있어 은은한 삼향이 난다.

🚌 나리 분지를 가는 방법은 크게 3가지다. ① 안평전, 대원사, KBS 코스를 이용해 성인봉을 넘어오는 방법과 ② 추산에서 용출소를 지나오는 방법, 그리고 ③ 천부에서 나리 전망대를 지나 나리 분지로 내려오는 방법이다. 관내버스를 탈 경우에는 ③을 이용하면 된다. 도동·저동 버

스터미널에서 관내버스 이용하여 천부에서 하차, 나리 분지 버스로 갈아타면 된다. 천부에서 나리 분지 간 버스는 하루 9차례 운행되니 시간표를 잘 참조하여 여행 계획을 세우는 편이 좋다.

🎩 Travel Tip

동절기 나리 분지 여행자들을 위한 팁

나리 분지는 대표적인 다설지다. 사람 키보다 더 많은 눈이 내리면 그 풍광은 장관이나 접근하기가 쉽지 않다. 따라서 천부-나리 분지 간 관내버스는 동절기에 운행이 거의 이루어지지 않는다. 나리 분지로 넘어가는 고갯길이 눈과 얼음으로 뒤덮여 버스 운행이 쉽지 않기 때문이다. 따라서 천부까지 관내버스로 이동하고 나리 분지까지는 도보로 이동해야 하는데, 이때 아이젠 착용은 필수다. 나리 분지를 둘러본 뒤에는 용출소를 통해 추산 방면으로 내려오는 편이 좋다. 경사가 심하지 않아 다시 천부 방면으로 돌아가는 것보다는 수월하다. 동절기에는 나리 분지 주민들

이 대부분 육지로 나가거나 고로쇠 약수 채취를 하다 보니 식당이나 매점 등이 운영되지 않는다. 마실 물과 먹거리는 반드시 챙겨 가야 한다.

알봉 분지

몸속 깊이 전해지는 청정한 기운

알봉은 나리 분지 생성 이후 다시 한 번 화산이 폭발하면서 생성된 해발 538m의 중앙 화구이다. 약 80년 전 전라도 사람들이 배를 타고 울릉도에 미역을 따러 왔는데, 나무를 베러 산에 가 보니 산봉우리가 새의 알처럼 생겼다 해서 알봉이라 불렀다고 전해진다. 알봉 분지는 나리 분지에 비하면 그 면적이 작고 약간의 경사가 느껴지지만 울창한 숲이 감싸 안고 있어 맑고 신선한 기운을 온몸으로 느낄 수 있는 공간이다. 숲의 주종은 육지에서 좀처럼 보기 힘들고 이름도 생소한 너도밤나무다. 이름에 밤나무가 들어가 있어 밤나무 같기도 하지만 달리 보면 또 다른 듯 보이는데, 이 이름에는 재미있는 이야기가 전해진다.

옛날 옛적 울릉도에 사람이 처음으로 살기 시작했을 때, 산신령이 이곳에 밤나무 100그루를 심으라고 하여 밤나무를 심었다고 한다. 그 뒤 산신령이 다시 내려와 만일 100그루를 심지 않았으면 벌을 내리겠다고 하였는데, 그 수를 세어 보니 그동안 1그루가 죽고 99그루밖에 되지 않았다. 산신령이 노해 벌을 주겠다고 하자, 밤나무 옆에 있던 나무가 느닷없이 "나도 밤나무요." 하고 외쳤다. 깜짝 놀란 산신령이 "너도 밤나무냐?" 하고 되묻자, 이 나무가 분명히 자기도 밤나무라고 대답하여 주민들은 화를 모면할 수 있었다고 한다. 이런 연유로 그 나무를 너도밤나무라고 부르게 되었고 그 후 다른 밤나무들은 사라졌지만 의리

를 지켜 준 너도밤나무만이 울릉도 곳곳에서 숲을 이루고 있다는 이야기이다.

🚍 나리 분지에서 신령수 방향으로 도보 이동

울릉국화·섬백리향 군락지

꽃향기는 바람을 타고

울릉국화와 섬백리향 모두 울릉도에서만 만날 수 있는 특산종이다. 한때는 울릉도 지천에서 그 모습을 쉽게 볼 수 있었으나 지금은 철조망에 둘러싸여 보호받는 희귀종이다.

수수하면서도 청초한 울릉국화는 9~10월에 순백색의 꽃이 피는데 구절초와 혼동될 정도로 닮았다. 한때는 나리 분지에서 흔하게 볼 수 있었으나 목초로 크게 각광을 받게 된 섬바디의 대대적인 파종에 밀려 거의 자취를 감추었다.

섬백리향은 육지의 높은 산에 나는 백리향을 닮았으나 잎과 꽃이 크고 울릉도에서만 자생하여 섬백리향이라 한다. 꽃은 6~7월에 자색 또는 홍자색으로 핀다. 울릉국화와 섬백리향은 꽃이 필 때 향기가 짙게 나지만, 섬백리향은 낮에는 향기가 거의 나지 않고 밤중에 향기가 짙다. 그 향기가 100리까지 갈 정도로 그윽해 옛날 뱃사람들은 이 꽃향기로 방향을 알았다고도 한다. 꽃향기가 일품인데다 자태도 고와 사람들이 무차별적으로 채취하는 바람에 울릉국화와 같은 처지가 되었

다. 지난 1962년 울릉국화와 섬백리향은 천연기념물 제52호로 지정되어 철조망 안에서 겨우 뿌리를 내리고 있다.

🏠 경상북도 울릉군 북면 나리 320-1 🚌 나리 분지에서 신령수 방향으로 도보 이동

🛈 Travel Tip

척박한 환경을 이겨 낸 조상의 지혜
투막집과 너와집

투막집

너와집

나리 분지와 알봉 분지에는 울릉도 특유의 가옥인 너와집과 투막집이 있다. 세부적인 구조에는 차이가 있으나 공통적으로 눈이 많이 오는 겨울을 잘 날 수 있도록 우데기 구조로 설계되었다. 우데기는 처마 끝에서 땅바닥까지 기둥을 세우고 나무판자나 억새, 옥수숫대로 가옥을 둘러친 외벽이다. 겨울철 가옥 전체가 눈 속에 파묻힐 경우를 대비해 집 안의 활동 공간을 확보하기 위해 지역민이 고안해 낸, 매우 유용한 이중 외피 구조이자 완충 공간이다. 집이 파묻히고도 남을 만큼 눈이 내리는 지역이니 우데기는 울릉도 가옥의 필요충분조건인 셈이다. 반면 여름에는 그늘이 생겨 집 안의 온도를 낮추어 준다는 이점도 있지만 햇빛이 잘 들지 않아 눅눅하고 어두워진 다는 단점도 있다. 너와집은 나리 마을 어귀에 유일하게 1동 남아 있고, 투막집은 나리 분지 마을에 2동, 서북쪽 알봉 분지 지역에 2동 등 모두 4동이 남아 있다. 모두 국가 지정 문화재로, 울릉군이 토지와 가옥을 매입해 보수, 관리하고 있다. 금방이라도 집주인이 문을 열고 반겨 줄 듯 옛 모습을 고스란히 간직한 채로 잘 보존되어 있다.

🏠 너와집 - 북면 나리 124번지 / 투막집 - 북면 나리 124번지, 북면 나리 117-4번지, 북면 나리 1길 71-316번지, 북면 나리 307번지 ☎ 054-790-6432

성인봉

높고 깊은 신령의 산

성인봉은 울릉의 중심이다. 섬 내에서 가장 높은 산이며 울릉읍과 서면, 북면에 두루 걸쳐 섬 중심에 위치해 있다는 지리적 특성 외에도, 성인봉은 울릉도의 가장 순수한 속살이자 힘이다. 성인봉을 제외하고 울릉도를 이야기할 수 없다.

성인봉에는 예로부터 전해 내려오는 전설이 있다. 오랜 옛날 한 할머니와 손녀가 함께 봄나물을 뜯으러 산에 올랐다가 그만 손녀가 발을 헛디뎌 실종되었다. 온 마을 사람들이 손녀를 찾았지만 흔적을 찾을 수가 없었다. 그러던 중 한 골짜기 아래에서 어디 하나 다친 구석 없이 멀끔한 모습으로 소녀가 나타났다. 소녀는 "어떤 할아버지가 나를 큰 기와집으로 데려가 밥도 주고 잠도 재워 줬는데 어디선가 나를 부르는 소리가 들려서 잠에서 깨어났다."라고 말했다. 주민들은 소녀의 꿈에 나타난 노인을 성인(聖人)으로 여기고, 성인이 사는 산이라 하여 성인봉(聖人峰)이라 불렀다고 한다. 이렇듯 성인봉의 위세는 대단하고 각별하다. 울릉도를 제대로 이해하려면 형제봉·나리봉 등 크고 작은 산봉우리를 거느리고 있는 성인봉을 올라 봐야 한다는 말이 있을 정도다.

성인봉은 해발 1,000m도 안 되는 봉우리지만 만

만히 여길 상대는 아니다. 거의 해수면에서부터 등산로가 시작되기 때문에 실제 등산하는 높이는 여느 산에 뒤지지 않는다. 게다가 울릉읍 쪽에서 시작되는 산행 기점과 정상까지의 직선 거리가 3~4km 정도에 불과하니 그 경사도가 얼마나 급한지 알 수 있다. 또한 산행 시작에는 깨끗하던 하늘이 금세 표정을 바꿔 한 치 앞도 분간할 수 없는 짙은 안개가 자욱하게 몰려오는 경우도 있다. 하지만 곳곳에 이정표가 잘 설치되어 있고 등산로도 잘 닦여 있는 편이라 기본적인 안전 수칙만 잘 지킨다면 무리 없는 산행이 가능하다.

🚌 안평전 코스, KBS 중계소 코스, 대원사 코스, 나리 분지 코스 중 선택하여 등산로를 따라 이동
★ 성인봉 등반에 대해 자세한 내용은 p.144 참고

신령수

시원하게 샘솟는 청정 약수

신령수는 나리 분지와 알봉 분지를 지나 본격적으로 성인봉을 올라가는 길목에 있다. 신령수까지 이르는 길은 너도밤나무 일색이다. 뜨거운 여름에도 한 줄기 햇빛조차 꼼꼼하게 막아 줄 만큼 무성한 숲길이다. 새소리와 바람 소리만이 공간을 가득 채우는 고요하고 호젓한 길이라 가볍게 걸어도 좋다. 평탄한 길이니 어린아이나 노인도 무리 없이 걸을 수 있다.

숲길을 벗어나면 신령수 샘터가 보인다. 신령수 샘물은 성인봉 바위 속에서 흘러나오는 물로, 예로부터 신령한 효험이 있다 해서 병자들이 이 물을 받아 마셨다고 전해진다. 실제로 미네랄이 풍부해 물맛이 좋기로 유명하다. 시원한 샘물을 마시는 순간, 청량함이 몸속 깊은 곳까지 전해지며 건강해지는 느낌이 든다. 샘터 앞으로는 족욕 시설이 있다. 성인봉을 찍고 하산하는 이들에게는

발의 피로를 풀 수 있는 최적의 공간인데 한여름에도 오싹할 정도로 차가워 오랜 시간 발을 담그고 있기 어려울 정도다. 잠시 발을 담그고 숨을 돌리다 보면 몸이 한결 개운해지면서 발이 가벼워지는 느낌을 받는다.

🚍 나리 분지에서 성인봉 방향 등산로 초입

용출소

북부 지역의 상수원

알봉 분지에서 추산으로 넘어가는 임도를 따라가다 보면 추산 용수(용출소)라는 샘이 있다. 나리 분지에서 스며들어 땅속을 흐르던 지하수가 화성암의 한 종류인 조면암을 만나 지표로 솟아올라 용출소가 만들어졌다. 땅속을 흐르는 지하수가 초당 220 l 씩 솟아나며, 이 물은 추산 수력 발전소까지 약 270m의 낙차로 흘러내려 1400kw의 전력을 생산해 내고 있다. 추산 수력 발전소에서 만들어 내는 전력은 울릉도 전체 전력의 약 22%에 달한다.

용출소는 울릉도만의 특별한 지형이 만들어 낸 명물이다. 과거에는 솟아오르는 물줄기의 힘이 세 굵은 돌을 집어넣으면 돌이 솟아올랐다고 한다. 하지만 최근엔 침전 현상으로 솟아오르는 물줄기의 힘이 약해졌다. 그러나 국내에서 용출소처럼 대량의 샘물이 솟는 곳은 매우 드물다. 가뭄

이나 장마에도 수량에는 큰 변화가 없고, 1년 내내 4~7℃의 수온을 유지한다.

과거엔 용출소 주변 민가에 사람이 살았으나 용출소에서 커다란 지네가 나와 빨래를 하던 처녀를 잡아먹었다는 전설이 전해지면서 사람들은 다른 곳으로 이주했고, 최근엔 사람이 살지 않는다.

🏠 경상북도 울릉군 북면 나리 산125-1번지 🚍 나리 분지에서 추산 방향으로 도보 약 30분

입맛을 사로잡는 맛집

엄지 척! 두툼한 돈가스 **추산 마루**

울릉도의 별미를 많이 맛보았다면 울릉도에서는 좀처럼 찾아보기 힘든 돈가스를 먹어 보자. 추산 마을에 위치한 추산 마루는 돈가스와 초밥이 맛있기로 유명하다. 도쿄에서 요리를 공부한 사장님이 돈가스를 직접 만든다. 돈가스에는 모두 생고기를 쓰는데 돈가스 두께가 3~5cm 정도로 두꺼워, 과장하자면 거의 스테이크 수준이다. 초밥을 먹으려면 미리 예약을 하는 게 좋다.

🏠 경상북도 울릉군 북면 추산길 142 ☎ 054-791-7279 🍜 돈가스 15,000원, 치킨가스 15,000원, 새우가스 25,000원 🚌 성불사에서 나리 분지 방향으로 도보 약 3분

따개비 칼국수의 정수 **신애 분식(은혜 식당)**

손맛 최고인 할머니가 운영하시는 작은 식당이다. 울릉도 따개비 칼국수의 참맛을 느낄 수 있는 식당으로 그날 준비해 놓은 칼국수 반죽이 다 떨어지면 바로 영업을 종료한다. 어떤 날은 점심 시간에 영업이 끝나기도 한다. 테이블과 작은 방 하나가 전부인데, 미리 예약을 하지 않으면 헛걸음을 할 수 있을 정도로 찾는 손님이 많다.

🏠 경상북도 울릉군 북면 천부리 524-1 ☎ 054-791-0095 🍜 따개비 칼국수 10,000원, 정식 8,000원 🚌 부항 버스정류장에서 천부길로 진입 후 사거리에서 좌회전

입안에서 퍼지는 바다의 향기 **만광 식당**

천부항 초입에 위치한 식당으로 꽁치 물회를 전문으로 한다. 직접 메주를 띄워 만든 고추장에 참기름을 넣어 물회를 말아 낸다. 매콤하면서도 고소한 맛이 입맛을 자극한다. 꽁치 물회에는 재피가 들어가는데, 재피를 싫어하는 사람은 주문 전에 미리 이야기를 하면 재피를 뺀 물회를 맛볼 수 있다. 또 다른 인기 메뉴는 따개비 찹쌀 수제비. 걸쭉한 국물과 부드럽게 씹히는 맛이 일품이다. 또 다른 재미는 풍혈. 만광 식당에는 풍혈이 있어 천연 에어컨 바람을 맞으며 식사를 즐길 수 있다.

🏠 경상북도 울릉군 북면 천부리 717-12 ☎ 054-791-6004 🍜 꽁치 물회 15,000원, 오징어 물회 15,000원, 열기 물회 15,000원 🚌 천부항 버스정류장에서 추산 방향으로 도보 약 3분

마가목 붉게 물드는 집 **나리촌 식당**

KBS '1박 2일', '다큐 3일'을 비롯한 각종 방송에 소개된 맛집이다. 야외 평상이 있어 봄부터 가을까지는 나리 분지의 정취를 즐기며 식사를 하기에 그만이다. 특히 늦가을에는 식당 주변으로 마가목이 붉게 물들어 가을의 향을 더한다. 나리촌 식당의 산채 비빔밥은 미역취, 부지갱이, 명이대장아찌, 더덕 무침, 물미역 등의 울릉 특산품들로 한 상 가득 차려진다. 비빔밥에 흔히 들어가는 계란이 들어 있지 않아 나물 본연의 맛을 즐길 수 있다. 후박나무 씨앗으로 만든다는 씨껍데기 술을 한 잔 곁들어도 좋다. 씨껍

데기가 동동 떠다니는데 거칠지 않고 맛이 좋다.

🏠 경상북도 울릉군 북면 나리 6-2 ☎ 054-791-6082
🍴 산채 비빔밥 13,000원, 산채 정식 25,000원, 씨껍데기 술 10,000원 🚌 나리 분지 버스정류장 삼거리에서 도보 5분

건강한 산채 나물이 한가득 **야영장 식당**

여행자들의 허기짐과 피로를 말끔히 해결할 수 있는 단비와 같은 공간이다. 울릉도 주민들과 가이드도 인정한 푸짐하고 맛좋은 산채 비빔밥을 맛볼 수 있다. 산채 비빔밥의 맛이 거기서 거기라고 이야기 하는 사람들도 있지만 울릉도 나물과 밥, 그리고 주인장이 직접 담근 고추장에 밥을 비벼 한 입 맛보면 나물의 진한 향기와 각기 다른 식감에 100% 만족하게 된다. 긴 여행으로 발이 피로한 이들이라면 나무 아래 커다란 평상에 발을 뻗고 앉아 잠시 쉬어가도 괜찮다. 민박을 겸하고 있어 이른 시간 성인봉 등

반을 계획하고 있다면 머물기에 좋다.

🏠 경상북도 울릉군 북면 나리 91-2 ☎ 054-791-0773 🍴 산채 비빔밥 10,000원, 감자전 12,000원, 산채전 15,000원 🚌 나리 분지 버스정류장 삼거리에서 도보 3분

몸에 좋고 맛도 좋은 힐링 식단 **산마을 식당**

울릉도 전통 가옥인 너와집을 본떠 만든 산마을 식당은 꽤나 아늑하고 운치 있는 공간이다. 식당 벽면에는 이곳을 다녀간 이들이 적은 메모가 켜켜이 꽂혀 있어 세월의 흔적을 보여 준다. 허기짐을 채우기에는 산채 비빔밥이 좋지만 삼나물 회도 맛보길 권한다. 울릉도 대표 나물인 삼나물은 잎이 산삼처럼 생겼는데 실제 인삼에 함유된 사포닌이 많다. 분명 땅에서 자란 풀이지만 쇠고기 맛이 난다. 한우의 쫄깃한 육질을 나물에서 느끼니 묘하다. 울릉도에서만 재배되고 1년에 한 번밖에 생산하지 않기 때문에

가격도 비싼 편인데 이곳에서만 맛볼 수 있으니 별미로 경험해 보는 것도 좋다.

🏠 경상북도 울릉군 북면 나리 136-2 ☎ 054-791-4643 🍴 산채 비빔밥 10,000원, 삼나물 회 20,000원 🚌 나리 분지 버스정류장 삼거리에서 도보 3분

울릉의 특별한 숙소

사실 울릉도에서 '괜찮다' 싶은 숙소를 찾기는 힘들다. 최신식 시설을 갖추었다는 숙소도 육지의 대도시나 유명 관광지와 비교하면 소박하고 평범한 수준이다. 이유야 여러 가지가 있겠지만 우선 지형 자체가 비탈진 데다 여러 가지 건축 자재들을 육지에서 싣고 들어와야 해서 건축 비용이 비교적 높기 때문이다. 하지만 울릉도가 최근 관광지로 주목받으면서 빠른 속도로 개발이 이루어지고 있으니 앞으로는 기대해 볼 만하다.

성수기에는 도동·저동항 주변의 숙소를 구하는 것이 쉽지 않다. 수요에 비해 공급이 부족한 실정이고 성수기 요금이 부담스럽다고 판단되면 과감하게 북면·서면권의 숙소를 이용하는 것도 좋다. 편의 시설 이용이 조금 불편하지만 고즈넉하게 울릉도의 밤바다를 즐길 수도 있고 비용면에서도 여객선 터미널 인근에 비해 저렴한 편이라 고려해 볼 만하다.

🌙 게스트하우스

전국적으로 게스트하우스가 붐인데, 울릉도에는 현재 도동항과 저동항, 태하에 게스트하우스가 운영 중이다. 다른 유명 관광지의 게스트하우스처럼 아기자기하거나 예쁜 느낌은 없지만 하루 2~3만 원 선으로 가장 저렴하게 울릉도에 머물 수 있는 시설이다. 도미토리 룸으로 취사는 불가하고 공용 화장실과 세면실을 이용한다.

어택 캠프

최근 울릉도에도 나 홀로 여행객들이 점점 늘어나면서 게스트하우스가 연이어 오픈을 하고 있는데 어택 캠프는 울릉도 게스트하우스의 원조라고 할 수 있다. 울릉도가 좋아 울릉도에 자리를 잡게 되었다는 주인장 내외는 토박이 못지않게 울릉도에 대해 해박해서 여행 코스에 대한 조언을 아끼지 않는다. 저동항 인근에 위치해 있어 수도권 지역 여행자들의 숙소로 좋다. 수건은 제공되나 세면도구 등의 물품은 제공되지 않으니 개인 물품을 챙겨 가야 한다.

🏠 울릉군 울릉읍 도동리 297-3 ☎ 054-791-2767 ₩ 1인당 25,000원 🚌 저동 버스정류장 맞은편

섬

세월의 흔적이 고스란히 남아 있던 낡은 집이 분위기 있는 게스트하우스로 변했다. 대청마루와 시골집 문살 등은 그대로 살려 고풍스러움을 더했고 만화방과 비디오방을 배치해 복닥복닥한 일상에서 벗어나 충분히 즐길 수 있도록 했다. 도동이나 저동에 비해 한적한 곳에 위치해 조용하게 휴식을 취하기에 좋다. 수건은 제공되며 세면용품도 비치되어 있다. 아침 8시부터 10시 사이에 간단한 조식 서비스도 제공되고 있다.

🏠 울릉군 서면 태하1길 33 ☎ 011-399-9166 ₩ 1인 25,000원 🚗 태하 버스정류장에서 태하1길로 들어서 약 70m

🌙 민박

민박은 울릉도에 가장 잘 녹아들 수 있는 숙소다. 울릉도의 민박집이 대부분 나이 지긋한 현지 주민들에 의해 운영되다 보니 외갓집에 놀러 온 듯 정감 있고 편안하게 머물 수 있기 때문이다. 비록 외관이 낡고 편의 시설 등이 부족할 수는 있겠으나 민박이 주는 또 다른 즐거움으로 상쇄되기에 충분하다. (비용은 시즌에 따라 상이하니 전화로 먼저 문의하는 것이 좋다.)

해호랑(펜션형) 민박

머물러 본 여행자들이 추천하는 숙소다. 깔끔한 방과 친절한 주인장의 배려 덕택에 편안하게 여행의 고단함을 풀 수 있다. 객실마다 취사도구가 준비되어 있어 음식을 해 먹기에도 좋다. 객실의 크기에 따라 1박에 60,000~120,000원의 숙박비가 책정되어 있는데 성수기에도 요금 인상이 없다.

🏠 경상북도 울릉군 울릉읍 봉래3길 21 ☎ 054-791-6785 ₩ 8평 60,000원(2인 기준), 15평 100,000원(4인 기준) 🚗 울릉고등학교 앞에서 봉래3길로 진입 후 약 100m

하늘 정원 민박

사동 해변에 위치해 쪽빛 바다를 배경 삼아 하루 머물 수 있는 공간이다. 2층을 단독으로 사용하며 투룸 구조라 가족 단위나 여행자가 많을 때 여유 있게 공간을 활용할 수 있다. 테라스도 있어 바비큐를 즐기기에도 좋다.

🏠 경상북도 울릉군 울릉읍 울릉순환로 588 ☎ 010-9565-0980 ₩ 독채 50,000원 🚌 천부 방면 관내버스 탑승 시 구장흥초등학교 정류장에서 하차. 사동 방면으로 도보 60m

강남 민박

친절하고 깔끔해 울릉군 지정 민박 가구로 선정된, 도동항 인근에서 손꼽히는 민박집이다. 흰색 건물에 입구에는 화초가 자라고 있어 푸근한 느낌을 풍긴다.

🏠 울릉군 울릉읍 도동2길 32-3 ☎ 054-791-2111 ₩ 1인 30,000원, 2인 40,000원 🚌 도동항 관문교 지나 도동2길로 들어서 약 180m

천부리 민박

읍내를 벗어나 한적하고 조용하게 머물고 싶다면 천부도 좋다. 천부리 민박은 넓은 방과 거실, 부엌과 화장실이 있어 가족 단위의 여행자들이 머물기에 적당하다. 부식과 잡화를 판매하는 천부 강남 마트 주인장이 운영하는 공간이라 물품을 구매하는 데도 어려움이 없다. 천부에서 친절하기로 둘째가라면 서러운 주인장에게 낚시나 여행 정보에 대한 궁금증을 물어보면 명쾌하게 답해 준다.

🏠 울릉군 북면 천부리 535-12 ☎ 054-791-3305 ₩ 50,000원~ 🚌 천부 버스정류장에서 가보자 식당 사잇길로 진입 후 약 100m

🌙 모텔

최근 울릉도에 최신식 모텔이 들어서고 있으나 육지의 모텔에 비해서는 규모나 시설은 아쉬운 면이 있다. 도동·저동항 주변에 밀집되어 있어 관내버스로 여행하기에 편리하며 필요한 물품은 모두 구비되어 있고 깔끔해 하룻밤 묵기에 부족함이 없다. (비용은 시즌에 따라 상이하니 전화로 먼저 문의하는 것이 좋다.)

ACE 호텔

오픈한 지 1년 남짓 된 신축 건물로, 울릉도에서는 보기 드물게 엘리베이터가 있다. 주방이 있어 음식을 해먹을 수 있는 콘도 룸과 일반 온돌 룸, 침실 룸 등이 있다. 도동항과 가까워 야경을 즐기거나 바닷가에 나가 싱싱한 회를 맛보기에도 좋다.

🏠 울릉군 울릉읍 도동1길 36 ☎ 054-791-0500 ❶ cafe.naver.com/ullungbeach.cafe ₩ 50,000원~ (2인 기준) 🚌 도동항 도동 소공원에서 농협 사잇길로 진입 후 약 150m

W 호텔

도동항에서 가까운 부티크 호텔이다. 청결과 인테리어에 신경을 쓴, 도내에서 손꼽히는 모텔이다. 깔끔한 회색 외관에 1층에는 오브레와 NAMU 커피숍이 위치해있다.

🏠 울릉군 울릉읍 도동길 53 ☎ 054-791-2728 ❶ www.w-hotel.kr ₩ 60,000원~ (2인 기준) 🚌 도동항 관문교 지나 도동길 초입

산호 가족형 모텔

도동항 인근에 위치한 모텔로 침실 룸과 온돌 룸을 비롯해 많은 인원이 편히 쉴 수 있는 펜션 룸과 패밀리 룸까지 다양한 크기의 객실이 준비되어 있다. 특히 펜션 룸은 취사도구가 준비되어 있는 데다 10명까지 머물 수 있는 넓은 공간이라 동호회나 단체 여행자들이 머물기에 좋다. 깔끔한 주인장의 성격처럼 군더더기 없이 청결하기 때문에 여행자들의 만족도가 높다.

🏠 울릉군 울릉읍 도동리 181-4 ☎ 054-791-9795 ❶ www.sanho1104.com ₩ 60,000원~ (2인 기준) 🚌 도동항 관문교 지나 도동길로 진입 후 직진. 미소 치과 사잇길에서 도동3길로 진입 후 약 80m

비치 하우스

도동 여객선 터미널 바로 앞에 위치해 있어 도동항의 야경과 바다 전망을 객실에서 조망 가능하다. 터미널과 가깝기 때문에 육지로 나가는 날에는 퇴실 시 가방을 맡겨 두었다가 찾아가기에 편리하다. 전 객실에 인터넷 PC가 설치되어 있으며 세탁기 사용이 가능하다.

🏠 울릉군 울릉읍 도동길 52 대우타운 ☎ 054-791-0500 ❶ cafe.naver.com/ullungbeach.cafe ₩ 50,000원~ (2인 기준) 🚌 도동항 관문교 바로 앞

오션 파크 호텔

신축 호텔로 깔끔하다. 방마다 특이하고 화려한 인테리어가 특징이다.

🏠 울릉군 울릉읍 도동1길 16 ☎ 054-791-8778 ❶ blog.naver.com/gkguswl76 ₩ 50,000원~ (2인 기준) 🚌 도동항 도동 소공원에서 농협 사잇길로 진입 후 약 50m

🌙 펜션

다양한 테마로 무장한 육지의 펜션들에 비해 울릉도의 펜션은 심플하다. 딱 필요한 물품들만 필요한 양만큼 있다. 대개는 현지 주민들이 운영하고 있어 여행 정보 등을 얻기 쉽다. 비용은 시즌에 따라 상이하니 전화로 먼저 문의하는 것이 좋다.

유미 펜션

물가가 비싼 울릉도에서는 펜션에서 직접 아침 식사를 하고 여행길에 오르는 게 경제적일 때가 있다. 하지만 항구 근처에서는 취사가 가능한 깨끗한 숙소를 찾는 게 쉽지는 않다. 도동항에서 좁은 골목길을 지나가야 다다르는 유미 펜션 주방에는 싱크대와 그릇, 전기 포트, 냉장고, 인덕션 등이 구비돼 있어 편리하게 요리를 할 수 있다. 방 안에는 헤어드라이어와 거울, 텔레비전, 에어컨, 선풍기 등이 갖춰져 있어 내 집처럼 편하게 쉴 수 있다.

🏠 울릉군 울릉읍 도동2길 12-21 ☎ 017-516-4482 ₩ 40,000원~ 🚌 도동항 관문교 지나 도동2길로 들어서 약 150m

올레 펜션

내수전 일출 전망대 근처에 있어 이른 아침 일출을 감상하기에 좋은 위치에 있다. 문을 연 지 얼마 되지 않아 실내외 시설이 쾌적하고, 깔끔한 주인장 성격서님 너부사리노 발씀해 여행자들의 만족도가 높다. 울릉도 펜션 중에서는 바비큐 시설을 갖춘 펜션을 찾기가 힘든데 올레 펜션에는 야외 바비큐장이 마련되어 있어 바다를 전망으로 낭만적인 바비큐 파티를 즐길 수 있다. 1층에는 식당이 있어 미리 예약하면 끼니 걱정 없이 편하게여행을 즐길수있다.

🏠 경상북도 울릉군 울릉읍 저동4길 95 ☎ 054-791-0099 🌐 www.ollehpension.com ₩ 70,000원~ 🚌 내수전 버스정류장에서 일출 전망대 방면으로 약 300m

명가 펜션

방 안에서 울릉도 바다가 한눈에 보여 눈과 마음을 상쾌하게 한다. 약 100여 명을 수용할 수 있는 야외 바비큐장에서 노을을 감상하며 고기를 굽는 재미가 쏠쏠하다. 취사도구 등이 구비돼 있어 음식을 해 먹기에도 편하다. 여객 터미널에서 무료로 픽업 서비스도 제공하고 있다.

🏠 울릉군 울릉읍 사동2길 25-37 ☎ 054-791-0031 ₩ 80,000원~ 🚌 도동에서 사동 방면으로 울릉 터널을 지나자마자 우측길로 진입. (관내버스로의 이동은 힘든 위치이므로 픽업 요청 또는 택시 이동 추천)

바다 풍경 펜션

2012년에 오픈한 최신식 건물로 항구 주변 숙소보다 사람이 많이 붐비지 않아 조용한 숙소를 찾는 사람에게 알맞다. 경치가 좋은 천부에 위치해 있어 발코니에서 바다를 바로 조망할 수 있다. 펜션 바로 앞에는 해수로 채운 수영장이 있어 여름철 아이들과 안전하게 물놀이를 하기에도 좋다.

🏠 울릉군 북면 울릉순환로 3126 ☎ 010-9389-9682 ₩ 100,000원~ 🚌 천부 버스정류장 맞은편

휴 행복한 펜션

바다색과 일몰이 아름다운 추산에 위치해 있다. 모든 객실에서 에메랄드빛 바다를 감상할 수 있다. 객실 안에 테라스 테이블이 마련돼 있어 일몰을 감상하며 여유로운 시간을 보내기에도 좋다. 야외 데크 및 공동 조리실에서 바비큐 시설을 사용할 수 있다.

🏠 울릉군 북면 나리 470-1 ☎ 054-791-9700 💰 100,000원~ 🚌 추산 버스정류장에서 하차 후(미리 기사님께 알림) 추산길로 진입하여 약 150m

🌙 리조트

리조트는 울릉도 내의 다른 숙박 시설에 비해 다소 가격대가 높은 편이지만 시설이나 위치가 좋아 고려해 볼 만하다.

대아 리조트

종합 리조트답게 다양한 편의 시설과 서비스를 이용할 수 있다. 특히나 바다 전망 객실은 해외 여행을 떠나온 듯 착각마저 들 정도로 이색적이고 환상적인 뷰를 보여 주기 때문에 한 번쯤 머물러도 좋다. 비용은 시즌과 전망(성인봉 전망과 바다 전망), 방의 크기에 따라 80,000~250,000원까지 다양하다.

🏠 경상북도 울릉군 울릉읍 사동1길 43 ☎ 054-791-8800 ℹ️ www.daearesort.com 💰 80,000원~ (예약 전문 사이트에 따라 가격 상이) 🚌 도동에서 사동 방면으로 일주 도로를 따라 이동하다 새각단교로 진입

힐링 스테이 코스모스

울릉도에 와서 한 번은 꼭 묵어 보고 싶은 곳으로 꼽히는 리조트로 '세계의 떠오르는 건축가 TOP 20'에 이름을 올린 김찬중 교수가 설계했다. 각종 디자인 어워드와 건축 무한 대상에서 산을 휩쓸며 세계적인 건축물로 그 가치를 인정받고 있다. 건축물을 더 돋보이게 만드는 것은 주변의 완벽한 절경이다. 거대하게 우뚝 솟은 송곳봉과 절벽에서 내려다보이는 푸른 바다와 공암(코끼리바위)의 풍경이 매력적이다. 코스모스 정원에서는 인스타그램 인증 샷에도 많이 등장했던 '코스모스 링'과 '메가 울라'를 만날 수 있다. 객실은 독채형 '빌라 코스모스'와 펜션형 '빌라 떼레'로 구성된다. 울릉도의 신선한 식재료로 매일 다른 메뉴를 선보이는 한식 반상 조식은 투숙객의 만족도가 매우 높다. 매일 야간에는 레이저 쇼인 '코스모스 라이닝쇼'를 약 10분간 진행하며, 무료로 관람할 수 있다. 일몰 시간을 기준으로 운영 시간이 달라지므로 사전에 일정을 확인해야 한다.

🏠 경상북도 울릉군 북면 추산길 88-13 ☎ 054-791-7788 ℹ www.thekosmos.co.kr ₩ 400,000원~ 🚌 항구-리조트 전용 셔틀 이용(프론트 문의) / 버스 이용 시 추산 버스정류장 하차 후 추산길로 진입하여 약 400m 도보 이동

케렌시아 풀빌라 리조트

송곳산 아래에 위치해 환상적인 오션뷰를 자랑하는 풀빌라 리조트다. 바다와 맞닿은 듯한 느낌을 주는 인피니티 풀이 있고, 각 객실마다 프라이빗한 미니 풀장도 있어 반신욕과 아이들의 물놀이 장소로도 제격이다. 1층에는 케렌시아 식당가와 커피숍이 있다. 풀빌라 뒤쪽으로는 또 다른 오션뷰를 자랑하는 카라반이 있어 캠핑 분위기를 즐길 수 있다.

🏠 경상북도 울릉군 북면 추산길 137 ☎ 054-791-6096 ℹ ulleungdoquerenciapoolvilla.co.kr ₩ 470,000원~ 🚌 추산 버스정류장 하차 후 추산길로 진입하여 약 600m 도보 이동

낭만적인 하룻밤 캠핑

🌙 캠핑

최근 여행의 추세인 백패킹을 즐기는 사람들이 늘어나면서 울릉도에도 캠핑을 즐길 수 있는 공간이 다양하게 준비되고 있다. 때로 예측 불가능한 비바람이 불어오기도 하고 험한 길을 무거운 배낭을 짊어진 채 이동해야 한다는 번거로움이 있지만 울릉도 한가운데로 들어가 자연 속에서 잠들고 눈뜨는 캠핑은 설렘 그 자체다. 현재 울릉도에 정식 캠핑장은 국민 여가 캠핑장 단 한 곳이다. 하지만 그 외에도 정식 캠핑장은 아니지만 무료로 이용할 수 있고 하룻밤 지내기에 모자람 없는 장소들이 있어 많은 캠퍼들이 찾는다. 가족이 많거나 조금 더 여유 있고 깔끔하게 캠핑 기분을 내고 싶다면 울릉도 카라반 파크도 좋은 선택이다.

국민 여가 캠핑장

울릉군에서 직접 운영과 관리를 하며 신축한 지 얼마 되지 않아 시설이 깨끗하다. 급수대나 취사장, 화장실 등의 시설도 매우 흡족하나 데크가 많지 않아 성수기에는 예약이 힘들다. 또한 일주 도로와 붙어 있어 차량 소음이나 먼지 등을 감수해야 한다. 캠핑장 이용 예약은 원하는 날로부터 30일 전부터 전화 예약만 가능하며 단체 예약과 3박 4일 이상 이용은 불가하다.

🏠 울릉군 서면 남서리 488-1번지 일원 ☎ 054-791-6781 ₩ 성수기(4~10월) 2만 원 / 비성수기(11~3월) 1만 원

울릉 카라반 파크

울릉 카라반 파크

열린 공간에서 바비큐를 구워 먹고 시간을 보낼 수 있는 캠핑의 낭만과 카라반에서의 쾌적한 숙박을 동시에 즐길 수 있는 시설이다. 캠핑용 차량인 카라반에는 침대, 테이블, 냉장고, 에어컨, 화장실 등이 모두 갖춰져 있어 어린아이가 있거나 가족이 많은 경우에 좀 더 편리하고 여유 있게 머무를 수 있는 장점이 있다.

🏠 경상북도 울릉군 울릉읍 도동9길 92-22 ☎ 1544-2383 ₩ 성수기(4~11월) 주중 10만 원, 주말 12만 원 / 극성수기(7월 25일~8월 20일 및 연휴) 주중 15만 원, 주말 15만 원 / 비수기(12~3월) 주중 8만 원, 주말 10만 원

그 외 캠핑장

사동 해수 풀장 화장실과 샤워장, 식수대와 주차 공간이 갖춰져 있어 비교적 편하게 캠핑할 수 있다. 단, 마을과 붙어 있어 가로등 불빛이나 생활 소음을 감수해야 한다.

천부 마을 해수 풀장 관내버스의 환승지로 어디든 이동할 수 있는 장점이 있다. 풀장 주변으로 텐트를 칠 수 있는 공간과 샤워장이 마련되어 있고 천부 버스정류장 앞에 있는 화장실을 이용하면 된다.

석포 전망대

석포 전망대 캠퍼들에게 가장 인기 있는 장소다. 가파른 길을 따라 이동해야 하지만 한 장소에서 일몰과 일출, 그리고 칠흑 같은 하늘에서 빛나는 별들을 볼 수 있어 수고스러움을 잊게 한다. 텐트를 치기에 무리 없는 평탄한 자리와 야외 테이블도 있지만 화장실과 급수대 등이 없어 전망대 초입에 있는 공중 화장실을 이용해야 한다.

Travel Tip

캠핑 시 주의하기

바다 날씨가 심상치 않다고 판단될 때에는 가급적 바닷가에서 멀리 떨어진 곳이나 지대가 높은 곳에 텐트를 설치하는 것이 좋다. 강한 파도가 텐트를 덮치거나 비바람에 날아가는 웃지 못할 상황이 발생할 수도 있기 때문이다. 날씨 상황이 좋지 않다면 안전을 위해서라도 숙박업소에서 숙박을 하는 편도 좋다. 또한 낙석의 위험이 있으므로 절벽과 어느 정도 여유를 두고 텐트를 설치해야 한다.

한 가지 덧붙인다면, 캠핑장 가까이에 있는 상점에서 물이나 라면 같은 간단한 물품이라도 구입하길 권한다. 무료로 이용할 수 있는 캠핑 포인트는 대부분 마을 주민들의 자발적인 관리로 이루어지고 있다. 마을 주민들에게 고마운 마음을 가지고 그들을 배려하며 내가 머문 자리는 깨끗하게 정리하는 것이 공정 여행의 시작이다.

독도

"대한민국 국민에게 독도는 남다른 이름이다."

언제든지 무궁화를 심을 수 있는 우리 땅이 분명하지만 야욕으로 가득한 주변국의 터무니없는 영유권 주장에 생채기 나고 지친 작은 섬. 그래서인지 일생에 꼭 한 번쯤은 그 땅을 밟아야 할 것 같고 발자국을 남기고 나면 미뤄 둔 숙제를 끝낸 것 같아 뿌듯하고 후련하다. 그러나 독도는 제 모습을 쉽게 보여 주지 않는다. 주변의 거센 파도로 인해 배를 항구에 대기조차 쉽지 않고, 입안하더라도 여행객에게 주어진 시간은 30분이 채 안 된다. 독도의 이모저모를 살피고 각양각색의 기암 절경을 감상하기엔 턱없이 부족한 시간이지만, 5000년 한반도를 지켜온 겨레의 땅을 밟아 봤다는 것만으로도 분명 가슴이 뛴다.

독도 가는 방법

독도 여객선은 씨스포빌, 대저해운, 제이에이치페리 등 3개의 선사에서 운항 중이다. 승객 수, 날씨, 요일에 따라 운항 스케줄의 변동이 있으니 미리 확인하고 예약하는 것이 좋다. 또한 각 선사마다 입출항지가 다르고 소요 시간이 다르기 때문에 꼼꼼히 확인할 필요가 있다.

독도 여객선의 접안 여부는 독도 선착장에 근접했을 때 선장의 판단에 의해 결정되는 경우가 많다. 안전을 위해 파도가 심한 경우 무리한 접안을 시도하지 않는 것이 원칙으로, 접안에 성공하지 못할 경우는 해상에서 독도 일주가 이루어진 뒤 다시 울릉도로 입항하게 된다.

독도 여행은 둘째 날 하는 것을 추천한다. 첫째 날 3시간 이상 배를 타고 울릉도에 도착했는데 곧바로 독도행 여객선에 몸을 실어야 한다면 쉬운 일이 아니기 때문이다. 따라서 첫째 날이나 다시 육지로 돌아가야 하는 일정의 마지막 날에는 독도 탐방을 추천하지 않지만, 만약 날씨가 좋다면 다른 일정을 미루고 독도행 여객선에 몸을 싣는 것이 좋다. 내일 날씨를 알 수 없는 것이 울릉도 날씨이기 때문에 꼭 독도에 발을 딛고 싶다면 몸이 고되더라도 독도행을 추천한다.

선사	선박명	출항지	출항 시간	운임(왕복)			소요 시간 (왕복)	비고
				대인	청소년	소인		
제이에이치페리 1644-9605 www.jhferry.com	씨플라워호	사동	날짜별 상이 (선사 문의)	60,000원	54,000원	30,000원	3시간 30분	터미널 이용료 1,500원 별도
				우등석은 10% 추가 요금 적용				
대저해운 1899-8114 www.daezer.com	엘도라도호	저동		60,000원	54,000원	30,000원	3시간 30분	
				우등석은 10% 추가 요금 적용 주말, 공휴일에는 10% 추가 할증 요금 적용				
씨스포빌 1577-8665 www.seaspovill.co.kr	씨스타 11호	도동		60,000원	54,000원	30,000원	3시간 40분	
	씨스타 1호	도동						
	씨스타 5호	저동		우등석은 10% 추가 요금 적용(1호 제외) 주말, 공휴일에는 10% 추가 할증 요금 적용			3시간 10분	

*울릉도-독도 간 배편은 부정기로 운항되니 미리 해운 회사에 문의해야 한다.
*배편을 예약할 때에는 출항지를 반드시 확인하도록 한다.
*발권과 선박 탑승 시간을 고려하여 여유 있게 출항지에 도착하는 것이 좋다.
*발권 시 본인 확인을 위해 필히 신분증을 지참해야 한다.

독도

동해의 외로운 파수꾼

독도는 우리나라 최동단의 섬으로, 대한민국에서 제일 먼저 떠오르는 태양을 맞이하는 섬이다. 울릉도에서 동남쪽으로 뱃길 따라 200리 (87.4km) 떨어져 있다. 경상북도 울릉군 울릉읍 독도이사부길, 독도안용복길이 독도를 일컫는 도로명 주소다.

독도는 일본의 어떤 영토에서도 육안으로 보이지 않는 반면, 맑은 날에는 울릉도에서 독도를 볼 수 있다. 독도는 동도와 서도인 2개의 큰 섬과 89개의 부속 도서로 이루어져 있다. 동도와 서도는 약 150m가량 떨어져 있다. 서도는 동도보다 조금 큰 섬으로 주민 숙소가 있다. 탐방객들이 배를 대고 내리는 독도 선착장은 동도에 있다. 일반 주민을 비롯한 독도 경비대원 40여 명과 등대원 3명이 상주하고 있다. 연간 독도를 찾는 관광객이 17만 명(2017년 기준)을 넘어설 정도다.

독도는 1982년 11월에 천연기념물 제 336호로 지정됐다. 독도 고유의 생물 다양성으로 인한 학술적 가치, 지형 및 지질학적 가치와 영토적 상징성이 인정되었기 때문이다. 독도는 60여 종의 식물과 139종의 조류, 93종의 곤충 등 다양한 해양 생물이 서식하는 신비의 섬이다. 동해를 건너는

🚻 Travel Tip

나도 독도 주민! 독도 명예 주민증 발급받으려면?

독도 땅을 밟았거나, 독도에 가는 배를 탔지만 아쉽게도 선회한 관광객이라도 누구나 독도 명예 주민증을 발급받을 수 있다. 독도에 거주하지는 않아도 마음만으로도 독도 주민이 될 수 있다는 것. 독도 방문일로부터 60일 이내에 독도 관리 사무소 홈페이지(intodokdo.go.kr)를 통해 신청할 수 있다. 따로 발급 비용은 들지 않고 등기우편료만 부담하면 된다. 독도 명예 주민은 2010년 44명을 시작으로 2020년 6월 기준 6만 명을 넘어섰다. 외국인도 103개국의 1,728명이 발급받아 전 세계에 독도가 대한민국의 땅임을 증명하고 있다.

조류의 중간 서식지로 바다제비, 괭이갈매기, 황조롱이, 물수리 등의 조류가 관찰된다.

독도는 대한민국 국민에게는 각별한 의미와 가치를 지닌 섬이다. 독도라는 이름만 들어도 잊고 있던 애국심에 가슴이 뭉클해지고 죽기 전에 꼭 한번쯤 독도 땅을 밟아 보길 소망한다. 하지만 독도 땅을 밟는 것은 쉽지 않다. 누구에게나 독도에 들어가는 게 허락되지 않기 때문이다. 배로 독도에 들어갈 수 있는 건 1년 중 50~150여 일뿐이다. 울릉도-독도 간 항로는 늘 파도가 거센 편이라 출항조차 이루어지지 않는 날이 많고 독도 주변 해상의 파도와 너울로 인해 선착장에 접안하기가 어렵다. 이 때문에 독도에 들어서는 것은 3대에 걸쳐 덕을 쌓아야 한다는 우스갯소리도 있다. 날씨나 파도로 인해 접안에 성공하지 못하면 독도 땅을 밟지 못하고 배로만 동도와 서도를 한 바퀴 돌아보고 가는 걸로 만족해야 한다. 운 좋게 접안이 이뤄지면 약 30분 정도 독도에 머물며 관광할 수 있는데 독도 관람 구역은 길이 80m, 면적 1881m²(약 569평)으로 제한되어 있다.

비록 체류 시간도 짧고 탐방 구역도 한정적이지만 독도 선착장에서 바라본 독도의 모습은 웅장하고 늠름하다. 푸른 바다는 물론 오랜 세월 동안 파도와 비바람이 빚어 놓은 기암괴석들은 최고의 절경이다. 과거 강치가 자주 출현했던 장소로 알려진 큰 가제 바위, 김을 채취하던 김 바위, 3개의 동굴이 있는 삼형제굴 바위, 미역 채취를 많이 했던 미역 바위, 봉우리 형상이 탕건을 꼭 닮은 탕건봉 등이 있다.

🏠 울릉군 울릉읍 독도리 1~96번지

독도는 울릉도, 제주도보다 형님이라던데?

독도는 울릉도와 제주도보다 더 나이가 많다. 독도는 약 460만 년 전에 해저에서 분출한 용암이 굳어져 기초가 다져진 후, 약 270만 년 전에 바다 위로 모습을 드러냈다. 따라서 제주도나 울릉도보다 100만~200만 년 정도 그 시기가 앞서는 맏형 섬인 셈이다. 독도는 원래 하나의 섬이었지만, 파랑에 의한 침식 작용으로 약 250만 년 전에 두 개의 섬으로 분리되었다. 이후 오랜 세월이 흐르면서 계속된 비바람과 파랑에 의한 침식 작용으로 인해 약 210만 년 전에 현재와 같은 모습을 갖추게 되었다.

독도의 바다사자, 강치를 아십니까?

20세기 초까지 독도에는 바다사자의 일종인 강치가 살고 있었다. 오랜 기간 동안 독도는 강치의 천국이었다. 배령도에는 물범이, 독도에는 강치가 있다는 말이 있을 정도로 강치는 독도의 상징으로 여겨졌다. 어부들은 강치를 '가제'로 불렀다. 이 때문에 독도의 옛 이름은 '가제도', 또는 '가지도'다. 독도 바위 중 하나인 큰 가제 바위, 작은 가제 바위도 모두 강치를 따 붙인 이름이다. 하지만 강치는 일본의 침탈로 인해 자취를 감추고 말았다.

★ 독도 강치의 눈물

러시아 근해에서 강치잡이를 하던 일본 시마네 현의 수산업자 나카이 요사부로가 독도에서 강치를 잡아 큰돈을 벌었다. 강치의 가죽은 비단처럼 부드러워 최고급 가죽으로 쳤으며, 피하지방은 기름, 살과 뼈는 비료로 사용됐다. 당시 일본인들이 강치 1마리를 잡아 번 돈은 황소 10마리 값에 이를 정도였다. 나카이의 욕심은 끝이 없었다. 그는 독도 어업권을 독점하고 싶어했고 일본 정부에 독도를 일본 영토로 편입해 달라는 청원을 했다. 이에 일본 정부는 대한제국의 허락을 받지도 않고 독도를 '다케시마'라는 이름으로 자국 영토에 편입시키는 '시마네 현 고시 40호'를 발표하는 만행을 저질렀다. 이는 지금까지 일본이 독도에 대한 영유권을 주장하는 근거가 되고 있다.
일본 어부들은 1904년부터 8년간 독도에서 1만 4천여 마리의 강치를 잡아들였다. 이런 무분별한 남획으로 강치의 개체수는 급격히 줄어들었고 결국 자취를 감췄다. 강치 몰살의 당사자였던 일본 시마네 현이 최근 강치 캐릭터를 만들고 '독도는 일본 땅'이라는 표어를 내세워 홍보에 나섰다. 다케시마 자료실에는 다양한 표정의 강치 캐릭터를 만들어 다케시마가 일본 땅이라는 설명을 곳곳에 해 두었고, 강치를 활용한 만화를 만들어 자국 선전용으로 삼고 있다.

★ 강치야 미안해. 우리가 지켜 줄게.

일본의 어이없는 만행에 우리나라 해양수산부도 독도 강치 복원에 나섰다. 강치의 복원은 훼손된 생태계를 복원하는 동시에 국제적으로 독도에 대한 영유권을 인정받는 데 도움이 되는 길이다. 과거 말레이시아와 인도네시아가 시파단 섬을 놓고 영토 분쟁을 벌였을 때 멸종된 동물이 영유권 결정에 주요한 길잡이가 됐다. 2002년 국제 사법 재판소(ICJ)는 말레이시아가 시파단 섬의 소유자라고 결정했다. 말레이시아 정부가 어민의 남획으로 시파단 섬의 바다거북이 멸종할 위기에 처했을 때 보호법을 제정해 바다거북을 멸종 위기에서 구해 냈기 때문이다. 이에 ICJ는 말레이시아가 바다거북의 멸종을 막는 등 실질적으로 시파단 섬을 관리했다는 점을 높이 평가해 말레이시아의 손을 들어 줬다. 현재 일본 정부는 독도의 영유권을 주장하며 ICJ에서 독도의 주인을 가릴 것을 요구하고 있지만 우리나라는 독도가 한국 영토가 분명한 만큼 ICJ에서 시시비비를 가릴 게 없다는 입장이다. 하지만 우리나라가 독도 강치를 복원시킨다면 ICJ에서 독도의 소유자를 가리는 상황이 온다 해도 영유권을 빼앗길 일은 없을 것이다.

독도 지형도

- 큰 가제 바위
- 작은 가제 바위
- 탕건봉
- 지네 바위
- 김 바위
- 가제굴 (배석진굴)
- 삼형제굴 바위
- 장군 바위
- 물골
- 서도
- 미역 바위
- 닭 바위
- 군함 바위
- 촛대 바위
- 한반도 바위
- 구선착장
- 넙덕 바위
- 맥문동 군락
- 독도 영토 표석
- 동도
- 물오리 바위
- 코끼리 바위
- 주민 숙소 선착장
- 숫돌 바위
- 독립문 바위
- 보찰 바위
- 선착장
- 독도 등대
- 해녀 바위
- 부채 바위
- 촛발 바위

❶ **큰 가제 바위** 독도의 가장 서북쪽에 있으며 과거 강치가 출현하던 바위다.
❷ **작은 가제 바위** 큰 가제 바위 우측에 위치한 작은 바위다.
❸ **독립문 바위** 독립문의 형상을 닮아 독립문 바위라 불린다.
❹ **숫돌 바위** 과거 한국 전쟁 후 독도 의용 수비대원들이 동도에서 생활할 당시 칼을 갈던 곳으로, 바위의 암질이 숫돌과 비슷해 붙여진 이름이다.
❺ **한반도 바위** 북쪽에서 바라보면 바위의 모습이 한반도의 형상과 닮았다고 해서 붙여진 이름이다.

독도는 최고의 절경을 자랑하지!

- ❻ 촛대 바위 촛대를 세워 놓은 듯한 형상이라 해서 붙여진 이름이다. 서도 쪽에 더 가까운 바위섬이지만, 동도 쪽에서 바라보면 투구를 쓴 장군의 얼굴처럼 보여 장군 바위라고도 불린다.
- ❼ 미역 바위 과거 독도 의용 수비대원들이 미역 채취를 많이 하여 붙여진 명칭이다.
- ❽ 촛발 바위 촛발이란 갑, 곶 등과 같이 튀어나온 곳을 의미하는 현지 방언이다.
- ❾ 군함 바위 군함의 형태를 띠고 있어 붙여진 이름이다.
- ❿ 지네 바위 이진해라는 어민이 매년 미역을 채취하던 바위로 진해가 지네로 바뀌어 붙여진 이름이다.
- ⓫ 보찰 바위 보찰은 독도 서식 해산물로 따개비와 유사한 거북손을 달리 부르는 말이다. 보찰 바위는 보살 바위로도 불린다.
- ⓬ 탕건봉 절벽의 형상이 조선 시대 사대부가 갓 아래에 쓰던 탕건과 비슷해 생긴 이름이다.
- ⓭ 닭 바위 서도의 어민 숙소에서 바라볼 때 마치 닭이 알을 품은 형상을 닮아 닭 바위라고 부른다.
- ⓮ 부채 바위 마치 부채를 펼친 모양 같아서 붙여진 이름이다.
- ⓯ 삼형제굴 바위 동도와 서도 사이에 위치한 삼형제굴 바위는 세 방향의 해식 동굴이 발달해 한 점에서 만난다고 해서 붙여진 이름이다. 동편에 있는 두 개의 바위가 마치 동생이 형을 따르는 모습처럼 보인다.
- ⓰ 물오리 바위 바다가마우지의 서식지로 알려져 있다.
- ⓱ 김 바위 이 바위에 붙어 있는 김을 많이 채취한다는 의미에서 붙여진 이름이다.
- ⓲ 넙덕 바위 넓이가 넓어 '넙적하다'는 의미에서 붙여진 이름이다.
- ⓳ 얼굴 바위 바위의 모습이 사람의 얼굴과 흡사한 독특한 모양이어서 얼굴 바위라고 불리며, 장군 바위라고도 한다.

마치 쇼핑하듯 관광지만 훑고 지나가는 뻔한 여행이 싫증난다면
나만의 취향과 감성을 고려한 테마 여행을 계획해 보는 건 어떨까?
국내 100대 명산 중에 하나로 꼽히는 성인봉 등산을 비롯해
일상에 찌든 몸과 마음을 정화시켜 주는 울릉 둘레길 트레킹과
지적 호기심을 충족시켜 줄 수 있는 지질 탐험 코스까지
다양한 테마 여행으로 울릉을 좀 더 특별하고 다이내믹하게 즐겨 보자.

테마 여행

태고의 신비를 느끼다 **성인봉 등산**

울릉 여행의 +α **울릉 둘레길 트레킹**

살아 있는 지질 교과서 **지질 탐험**

삶의 에너지를 충전한다 **울릉도 레저**

태고의 신비를 느끼다

성인봉 등산

화산 활동이 왕성한 신생대 3~4기(6500만~250만 년 전)에 걸쳐 생겨난 성인봉은 울릉의 시작이며 중심이다. 따라서 멀고 험한 뱃길을 달려 울릉도 여행을 시작했다면 반드시 성인봉 정상에 발자국을 남겨야 한다. 태고의 신비를 고스란히 담고 있는 성인봉의 천연림은 매일 다른 표정으로 여행자들을 대한다. 그것은 때로는 한 치 앞을 분간할 수 없는 자욱한 안개이기도 하고 초록의 떨림이거나 그 사이로 부서지는 햇살의 찬란함이기도 하다. 어느 육지에서도 어느 섬에서도 볼 수 없는 울릉도 성인봉만의 표정이다.

🏔️ 성인봉 오르기

울릉읍과 서면, 북면의 경계에 자리한 성인봉은 푸른 동해 바다를 병풍처럼 두르고 솟아 있다. 장엄하고 강인한 기운이 넘치는 만큼 산세는 험하다. 화산암층에 덮인 해발 984m의 봉우리는 지형이 약간 완만하나 산 정상 아래쪽에서 등산 기점까지는 급경사의 길이 끝도 없이 이어진다. 더구나 웬만한 육지의 등산 기점이 해발 200~400m인데 반해 성인봉의 등산로 첫 출발점은 해수면과 거의 일치하는 해발 0m에서 시작된다. 일반적으로 1,000m 가까운 산행을 하려면 몇 번의 능선과 작은 봉우리들을 넘나들어야 하는데 성인봉은 가쁜 숨을 몰아쉬며 오르고 또 오르기만 하는 단순함이 있다. 바다에서 불어온 바람과 새들의 맑은 지저귐을 따라 오르다 보면 어느새 성인봉 정상에 다다른다. '聖人峰(성인봉)'이라는 밋밋한 표지석만 우두커니 서 있는 정상은 오르고 또 오른 수고에 비해 실망스럽기도 하다. 무성한 잡목과 섬조릿대에 둘러싸여 있어서 조망조차 답답하다. 하지만 정상에서 약 20m 아래 있는, 마가목나무가 울타리처럼 에워싼 전망대에서는 공암, 송곳봉 등의 울릉 절경을 비롯해 울창한 원시림과 쪽빛 바다를 모두 조망할 수 있다.

🏔 성인봉의 매력 포인트

해발 1,000m에서 불과 16m 모자라는 만만치 않은 정상을 오르내리는 것은 보통 일이 아니다. 허리와 다리품을 꽤나 팔아야 하는 성인봉 산행이지만 그만큼 매력도 많다. 성인봉은 산림청 선정 100대 명산으로, 천연기념물 제189호로 지정돼 있는 성인봉 원시림에는 섬피나무와 너도밤나무, 섬고로쇠나무, 양생화 등의 희귀 수목이 군락을 이루고 있다. 긴 세월 한 자리를 지킨 고목 아래로는 고사리, 고비와 같은 양치식물과 수많은 종류의 산나물이 빈틈없이 들어차 있다. 그 덕택에 숲의 분위기가 한층 깊고도 그윽하다. 때때로 안개가 자욱하게 숲에 드리워지면 태곳적의 신비감마저 느끼게 한다.

특히 울릉도는 전국 제일의 다설 지역인 만큼 겨울은 성인봉의 아름다움을 가장 뽐낼 수 있는 계절이다. 허리춤까지 눈 속에 파묻힐 정도로 쉽지 않은 산행에도 불구하고 매년 겨울 많은 등산 마니아들이 성인봉으로 모여드는 까닭은 추위를 잊게 할 만큼 풍성하고 화사한 풍경을 보여 주기 때문이다. 거센 겨울바람에 피어난 눈꽃의 단단하고도 맑은 소리는 이곳 성인봉에서만 들을 수 있는 귀한 경험이다.

눈 속에서 피어나는 성노루귀

성인봉 산행시 유의 사항

채취 금지

울릉도 앞바다에 널린 게 오징어라면 산에는 널린 게 마가목 열매와 명이다. 귀한 열매와 나물이다 보니 가끔 등산객들이 채취하는 경우가 있는데 모두 불법으로 벌금 대상이다. 마가목 열매의 경우 땅에 떨어진 것을 줍는 것은 가능하나 열매를 따거나 나무를 훼손해서는 안 된다. 명이 채취는 울릉도 주민으로 전입 기준 3년 이상인 사람에 대해 울릉군 산림 조합이 발급하는 채취증을 받아야만 가능하다. 채취 기간과 1인당 하루 채취 한도량도 정해져 있어 불법 채취는 절대 불가하다.

겨울 산행

겨울철 성인봉 산행 시에는 반드시 아이젠과 스패츠, 스틱을 준비하고 혼자 이동은 피하는 편이 좋다. 성인봉의 적설량은 상상 이상이다. 안전 수칙을 무시할 경우 크고 작은 사고를 피할 수 없다. 눈이 많이 내리고 나면 울릉 산악회에서 등산객들을 위해 길을 내는데, 그 길을 놓치지 않고 잘 따라가야 한다. 또한 몸이 눈 속에 푹푹 잠기기 때문에 산행 시간이 평소의 2~3배 정도 소요되므로 체력을 보충할 수 있는 먹거리도 반드시 챙겨야 한다. 겨울철에는 나리 분지의 식당들이 영업을 하지 않고 나리 분지와 천부를 오가는 버스도 눈으로 인해 운행을 중단하는 경우가 많으니 이 점도 고려하여 산행 계획을 잡아야 한다.

🏔 성인봉 정상에 오르는 코스

성인봉 정상에 오르는 길은 크게 안평전 코스, 대원사 코스, KBS 중계소 코스, 나리 분지 코스로 나뉜다. 안평전·대원사·KBS 중계소 코스는 울릉읍에서 출발하고 나리 분지 코스는 북면에서 시작한다. 어느 곳을 기점으로 등산하고 하산하느냐에 따라 난이도와 시간이 큰 차이가 나지는 않는다. 그러나 되도록 울릉읍에서 출발 시 니리 분지로 내려오는 길을 추천하고 싶다. 나리 분지에서 신령수까지 이르는 길은 걷기 좋은 평지이지만 이후 성인봉까지는 가파른 계단이 계속해서 이어진다. 워낙 경사가 심한 구간이라 나무 계단이 잘 놓여 있지만 무릎에 가해지는 충격과 피로도가 크다. 따라서 울릉읍에서 산행을 시작해 나리 분지로 천천히 하산하면서 신령수 족욕탕에서 발의 피로도 풀고 나리 분지의 산채 비빔밥도 맛보고 돌아가는 편이 좋다.

총 3.2km / 약 2시간 소요

안평전 코스 들머리 — 돌봉 — 바람 등대 — 능선 — 장군 발자국 — 성인봉

★ 가장 짧은 거리라 단시간 산행 시 추천 코스다.
★ 안평전 코스 들머리 : 도동·저동에서 들머리까지 관내버스로의 이동이 불가능하다. 도동에서 택시를 이용하면 안평전 코스 입구까지 2만 원 정도의 요금이 든다.

총 3.9km / 약 2시간 30분~3시간 소요

KBS 중계소 코스 들머리 — 사다리골 — 팔각정 — 바람 등대 — 능선 — 장군 발자국 — 성인봉

★ 비교적 경사가 완만한 가장 무난한 코스다.
★ KBS 중계소 코스 들머리 : 도동·저동 버스터미널에서 관내버스 이용하여 KBS 중계소에서 하차 후 표지판을 따라 이동한다. 도동에서 택시를 이용할 경우 1만 원 정도의 요금이 든다.

총 4.2km / 약 3시간 소요

대원사 코스 들머리 — 간이 쉼터 — 사다리골 — 팔각정 — 바람 등대 — 능선 — 장군 발자국 — 성인봉

★ 초반 콘크리트 포장도로의 경사도가 심한 편이다.
★ 대원사 코스 들머리 : 도동·저동 버스터미널에서 관내버스 이용하여 울릉 의료원에서 하차한다. 대원사 방면 표지판을 따라 약 70m 이동 후 갈림길에서 오른쪽 길을 따라 이동하면 된다.

총 4.5km / 약 2시간 소요

공군 부대 옆 나리 분지 코스 들머리 — 알봉 울릉 섬백리향 군락지 — 알봉 투막집 — 신령수 — 나무 계단 — 뺑제이 등판 — 성인정 — 성인봉

★ 신령수까지는 평탄한 산책로지만 이후 끝도 없는 나무 계단은 경사가 급한 편이다.
★ 나리 분지 코스 들머리 : 도동·저동 버스터미널에서 관내버스 이용하여 천부에서 하차, 나리 분지 버스로 갈아탄 뒤 나리 분지에서 하차한다. 공군 부대 옆 성인봉 진입로로 표지판을 따라 이동하면 된다.

울릉 여행의 +α

울릉 둘레길 트레킹

울릉도에는 녹색 자금(복권 기금)의 지원으로 조성된 울릉 둘레길이 있다. 옛날 섬 개척민들이 이용해 왔던 길들을 체계적으로 정비해 제주의 올레길 같은 트레킹 코스로 선보인 것이다. 제주 올레길, 지리산 둘레길 같은 대한민국의 대표 트레킹 코스를 걸어 보았던 이들에게 울릉 둘레길은 아직까지 미흡한 부분이 많이 눈에 띄는 길일지도 모르겠다. 하지만 다른 관점에서 보자면 사람의 손을 타지 않은 자연의 본 모습 그대로를 간직하고 있어 울릉도의 역사와 자연 생태 등을 두루 엿볼 수 있는 가치 있는 트레킹 코스이기도 하다. 울릉도의 면면을 살펴보고 싶다면 반나절 트레킹을 즐겨 보자.

남양-태하 옛길

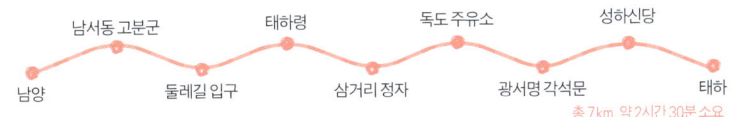

총 7km, 약 2시간 30분 소요

옛 우산국의 요새였던 남양에서 시작해 울릉 개척 시대의 중심지였던 태하까지 이어지는 총 7km 구간의 남양-태하 옛길은 울릉의 시작과 변화를 엿볼 수 있는 트레킹 코스다. 남양 버스정류장에서부터 태하 마을 입구인 성하신당까지는 넉넉잡고 2시간 30분 정도가 소요된다. 오전에 트레킹을 시작했다면 태하의 중국 음식점에 들러 점심 식사를 하는 것도 좋다. TV에도 소개되었을 만큼 맛이 좋아 찾는 이들이 많다.
첫발은 신라 장군 이사부와 우산국 우해왕의 마지막 격전지였던 남양에서 내딛는다. 사자 바위와 투구봉, 비파산이 해파와 비바람에도 아랑곳 않는 위용으로 우산국의 전설을 전해 주고 있다.
남양에서 남서천을 따라 옛길 입구까지 이어지는 약 2.6km는 다소 걷기에는 불편한 시멘트 도로다. 경사는 완만한 편이지만 바닥이 딱딱하고 그

청량한 숲에서의 힐링의 시간

울릉도에서 자생하는 섬노루귀

늘이 많지 않아 뜨거운 태양 아래 트레킹이 다소 불편하게 느껴질 수도 있다. 그러나 옛길 입구에 들어서 태하령 고갯마루까지 이어지는 숲길은 전혀 다른 모습이다. 오직 울릉도에서만 자생하는 솔송나무·섬잣나무·너도밤나무가 군락을 이루며 성인봉 원시림 못지않은 천연림을 이루고 있다. 태하령 고갯마루까지 다소 경사는 있지만 오래된 고목들이 뿜어내는 피톤치드 때문에 한결 발걸음이 가뿐해진다.

태하령 고갯길을 넘어서면 태하까지는 다시 콘크리트 도로다. 하지만 물길을 끼고 가는 데다 천연림 사이를 파고드는 청량한 바람과 새소리에 눈과 귀가 시원하다. 샘터에서 잠시 숨을 돌리고 울릉공설 운동장과 울릉 심층수 공장을 지나면 옛길의 종착지인 태하에 다다른다.

평온하고 한적한 마을 태하는 울릉도 개척령이 내려진 이듬해인 1883년, 54명의 개척민이 첫발을 내디뎠던 곳이다. 한국 10대 비경으로 선정된 대풍감을 비롯해 태하 해안 산책로, 황토굴, 태하 등대 등 발 닿는 곳마다 최고의 절경을 보여 준다.

간식은 미리 챙기고, 안전에 주의!

내수전-석포 옛길도 마찬가지지만 일단 트레킹 코스에 접어들면 음료나 간식을 살 만한 곳이 전혀 없다. 긴 거리는 아니지만 숲길이고 경사가 급한 구간도 있으니 수분과 체력을 보충할 만한 먹거리는 미리 챙겨 가는 것이 좋다. 한 가지 당부 사항이 있다면 혼자 옛길을 걷는 여행자들은 특히 안전에 주의해야 한다. 옛길 구간에는 휴대폰 수신이 불가능한 지역이 더러 있다. 길을 잃거나 낙석, 실족 등의 사고 시 문제가 발생할 수 있으니 가능하면 일행과 동행하고 홀로 옛길을 걷게 되는 경우라면 주변에 반드시 동선을 알려 주는 편이 좋다.

내수전-석포 옛길

석포 버스정류장 종점 — 안용복 기념관 — 둘레길 입구 — 정매화곡 쉼터 — 내수전 입구 주차장 — 녹도 내수선 선망내

총 5.2km, 약 2시간 소요

1963년부터 시작된 일주 도로 공사는 울릉도의 험준한 지형 탓에 내수전과 석포를 연결하지 못하고 오랜 시간 미완의 상태였다. 두 마을의 직선 거리는 2.5km가 채 안 되었지만 자동차로 무려 38km를 달려 다시 되돌아 나와야 하는 수고스러움이 있었다. 공사 시작 반세기 만에 드디어 미완의 4.4km를 연결하며 일주 도로가 완성되었지만, 과거 내수전과 석포를 자동차로 이동할 수 없었던 옛 울릉 주민들이 이동하던 옛길은 아직 그대로 남아 있다. 북면 주민들은 이 길을 통해 저동과 도동에서 등짐이나 지게로 생필품을 운반했고 학생들은 이 길을 따라 학교를 오갔다. 저동과 섬목 사이에 철부선이 운항되던 시절에도 비바람이 거세 배가 운항하지 못하면 주민들은 이 길을 걸어서 오가곤 했다. 호젓하고 아름다운 숲길이지만 오래전 이 길을 걸었던 이들의 애환이 곳곳에 남아 있다.

내수전-석포 옛길은 일부 구간을 제외하고는 바다를 끼고 산허리를 굽이굽이 돌아간다. 원형 그대로의 호젓한 숲길과 탁 트인 바다 풍광을 동시에 즐길 수 있는 데다 남양-태하 옛길에 비해 길의 느낌도 편안하고 부드럽다. 한 부부가 20여 년간 살면서 폭설, 폭우 등의 기상 악화로 조난 당한 사람 약 300여 명을 구

여기서는 한눈에 다 보여요!

조했다는 미담이 전해지는 정매화곡, 장쾌하게 아름다운 풍광이 잔인한 역사의 흔적을 잊게 만드는 석포 전망대, 독도의 의미와 가치를 다시 한 번 상기시켜 주는 안용복 기념관 등은 내수전-석포 옛길을 따라 걷는 발걸음을 더욱 풍부하게 만든다. 오붓한 숲길에는 너도밤나무, 동백나무, 우산고로쇠나무 등이 빽빽하게 들어차 맑은 기운을 내뿜는다. 북면 해안과 관음도, 죽도를 볼 수 있으며 쾌청한 날에는 멀리 독도까지 육안으로 볼 수 있다.

석포에서 내수전 방면으로의 진행이 조금 더 수월!

내수전-석포 옛길은 어느 쪽에서 출발해도 크게 힘들이지 않고 가벼운 마음으로 걸을 수 있다. 난이도에 큰 차이는 없지만 굳이 따지자면, 내수전에서 석포 방면으로 가파른 오르막 구간이 있기 때문에 석포에서 내수전 방면으로 진행하는 편이 더 수월하다. 그리고 석포에서 내수전 방면으로의 진행이 대중교통과의 연계가 쉽다.

석포 기점
석포를 기점으로 출발하는 경우에는 천부에서 석포 방면 관내 버스를 갈아타고 종점까지 이동하면 된다. 단, 천부에서 석포 방면의 버스가 하루 8회(07:40, 08:40, 10:45, 11:50, 13:20, 15:30, 17:10, 17:50)만 운행되니 이를 잘 참조하여야 한다.
내수전 일출 전망대 입구에 도착하여 내수전 버스정류장까지는 도보로 이동하는 편이 좋다. 비탈진 포장도로지만 내리막으로 진행하기 때문에 좀 더 수월하게 이동 가능하다.

내수전 기점
내수전 옛길은 내수전 일출 전망대 입구에서 시작되는데 관내버스는 내수전 버스정류장까지만 이용 가능하다. 내수전 버스정류장에서 내수전 일출 전망대 입구까지는 꽤나 비탈진 포장도로를 30분 이상 걸어가야 하는데 이 구간이 쉽지 않다. 따라서 내수전을 기점으로 출발하는 경우에는 아예 택시를 타고 내수전 일출 전망대 입구까지 곧장 올라가는 편이 여러모로 편리하다.
석포에서는 관내버스로 천부까지 이동하면 된다. 석포에서 천부를 향하는 버스도 하루 8회(08:00, 09:00, 11:00, 12:10, 13:40, 15:45, 17:30, 18:10)만 운행되니 이 시간을 잘 고려하여 트레킹 속도를 조절하는 것이 좋다.

살아 있는 지질 교과서

지질 탐험

울릉도·독도는 지난 2012년 국내 최초로 지정된 국가 지질 공원이다. 국가 지질 공원이란 지질적·경관적 가치가 뛰어난 지역을 보전하고 교육·관광 사업 등에 활용하기 위해 국가가 지정 관리하는 공원으로 2014년 현재 울릉도·독도를 비롯해 부산, 제주도, 경북 청송, 비무장 지대(DMZ)와 접하는 강원 평화 지역까지 총 5곳이 국가의 인증을 받았다. 이 가운데 울릉도·독도는 지오사이트로서 그 가치를 인정받아 국내 최초로 지질 공원으로 선정된 만큼 유네스코의 세계 지질 공원으로 등재될 가능성도 한층 높아지게 되었다.

🏔️ 봉래 폭포

봉래 폭포는 조면암과 라필리 응회암, 그리고 집괴암 등 3가지 암석으로 이루어져 있는데 암석 종류에 따라 강도가 달라 차별 침식이 발생했다. 암석마다 떨어져 나간 정도가 달라 3단 폭포가 형성되었다.

🏔️ 행남 해안 산책로

행남 해안 산책로에서는 울릉도 초기 화산 활동의 특징을 담고 있는 여러 암석과 지질 구조를 관찰할 수 있다. 현무암질 용암류, 조면암과 같은 화산암과 응회암 및 부석 등을 볼 수 있는 것은 물론이고, 큰 시간 간격을 간직한 구조인 부정합, 화산재가 뜨거운 상태에서 쌓여 만들어진 이그님브라이트 등의 지질학적 특징도 어렵지 않게 볼 수 있어 마치 보물찾기를 하는 듯한 기분마저 든다.

🏔️ 거북 바위 및 향나무 자생지

거북 바위 표면은 다양한 형태를 띠고 있다. 마치 수제비를 뚝뚝 떼어 놓은 것 같은 형태의 클링커, 용암이 흐르면서 눈덩이처럼 뭉쳐져서 만들어진 라바볼을 볼 수 있으며 용암이 반복적으로 흐르며 식어 마치 페스트리처럼 겹겹이 쌓인 구조도 관찰할 수 있다.

🏔️ 국수 바위

암벽이 국수 가락처럼 길게 늘어져 있다 하여 국수 바위라는 이름이 붙었다. 뜨거운 용암이 공기나 물을 만나 빠르게 식을 때 용암이 수축하는데 이때 가뭄에 논바닥이 갈라지듯 갈라져 각진 돌기둥이 만들어진다. 이를 주상절리라 부른다.

버섯 바위

버섯 바위는 물속에서 뜨거운 용암이 흘러나와 만들어진 화산 쇄설물 알갱이가 퇴적된 응회암이다. 화산 쇄설물은 알갱이의 크기나 밀도에 따라 가라앉는 속도가 다르다. 밀도가 높은 것은 빠르게 가라앉고, 밀도가 낮은 입자는 천천히 가라앉는다. 입자의 크기와 강도에 따라 침식 속도에 차이가 나는데 이러한 차별 침식으로 인해 마치 버섯처럼 굴곡진 표면이 생겨나게 되었다.

황토굴

응회암이 파도에 깎여 만들어진 해식 동굴이다. 단단한 조면암으로 이뤄진 동굴 천장과 붉은 응회암으로 이뤄졌다. 과거에는 이 붉은 응회암을 황토라고 생각했는데, 이는 응회암에 포함된 광물이 변질되는 과정에서 철이 빠져나와 생성된 산화철 입자가 퍼져 붉게 보이는 것이다.

삼선암

삼선암의 바위 세 개를 각각 일선암, 이선암, 삼선암이라 부른다. 삼선암은 원래 본섬의 일부였다. 파도에 의한 차별 침식을 받은 뒤 침식에 강한 부분만 남아서 바위섬(시스택, sea stack)이 만들어졌다.

🔺 관음도

여러 번의 용암 분출로 만들어진 관음도는 원래 울릉도 본섬에 붙어 있었다. 긴 세월 차별 침식을 받아 지금의 관음도로 분리되었고 섬의 표면은 부석으로 덮여 있다. 이곳에 있는 관음쌍굴은 파도의 힘에 의해 절리를 따라 암석이 무너져 내리면서 만들어졌다.

🔺 죽도

죽도 역시 원래 울릉도와 붙어 있었으나 파도에 의해 침식되면서 섬이 되었다. 죽도 접안지 부근 조면암을 잘 찾아보면 현무암 포획암을 관찰할 수 있다. 지하에 있던 마그마가 지표로 분출되는 과정에서 주위의 암석을 파괴해 함께 올라오기도 하는데 이때 화성암에 포함된 외래 암석을 포획암이라 일컫는다.

🔺 용출소

용출소의 시작은 화산이 함몰돼 생성된 칼데라 호수다. 이때 호수 아래 투수율이 높은 부석이 퇴적되어 지하수 저장고의 역할을 한다. 스며든 지하수는 부석층(부석질 응회암층)을 따라 이동하다가 불투수층인 조면암을 만나게 되어 지표로 솟아올라 샘이 생겼다.

알봉은 나리 분지가 만들어진 뒤에 만들어졌다. 마그마가 분출하여 화산이 만들어진 뒤, 화산이 무너져 내려 나리 칼데라가 만들어졌고, 마그마가 나리 분지 틈을 따라 분출했지만 용암이 멀리 흐르지 못하고 제자리에서 봉긋한 돔 형태로 자리 잡은 것이 지금의 알봉이다. 이 때문에 이중 분화구라고 불린다.

🔺 알봉

🏔️ 성인봉 원시림

화산 폭발로 여러 가지 부석이 나리 칼데라 호수로 운반돼 쌓였다. 부석이 풍화돼 나무가 서식하기 좋은 두터운 토양층이 만들어져 지금의 원시림이 생겼다. 성인봉은 나리 분지의 남쪽 외륜산이고 조면암으로 이루어져 있다.

🏔️ 노인봉

노인봉은 마그마가 집괴암층을 뚫고 올라오다가 용암돔 형태로 굳어져 만들어졌다. 수평에 가까운 주상절리가 잘 발달되어 있어 바위 표면이 쭈글쭈글한데, 이것이 마치 주름처럼 보여 노인봉이라고 부른다.

점성이 높은 조면암질 용암이 화도를 중심으로 솟아 굳어진 뒤 주위를 감싸던 집괴암 윗부분이 침식되어 현재와 같이 가파르고 뾰족한 모양이 되었다.

🏔️ 송곳봉

🏔️ 코끼리 바위

원래 울릉도와 연결돼 있었지만 파도에 의해 깎이면서 지금의 모양이 되었다. 파도가 바위의 일부분을 강하게 침식시켜 육지로부터 떨어져 나간 바위섬을 시스택(sea stack)이라고 부른다.

🏔 독도의 숫돌 바위

수평으로 누워 있는 주상절리가 계단처럼 보인다. 파도가 치면서 약한 각력 응회암은 깎이고 단단한 조면암질 암맥 부분만 남았다.

🏔 독도의 독립문 바위

바다를 향해 튀어나온 부분(곶)이 파도에 의해 침식돼 해식 동굴이 생겼다. 오랜 세월이 지나 양쪽 동굴이 자연스럽게 연결되고 동굴은 아치형이 돼 지금의 시아치(sea arch) 지형을 이뤘다. 독립문의 형태와 비슷하다 하여 독립문 바위라고 부른다.

🏔 독도의 삼형제굴 바위

삼형제굴 바위 역시 시스택(sea stack)이다. 먼 바다에서 오는 파도가 높아 바닷물이 바위 꼭대기까지 닿는다. 이 때문에 소금기가 바위에 쌓여 식물이 자라기 어렵다.

삶의 에너지를 충전한다

울릉도 레저

울릉도는 거칠고 건강한 섬이다. 자연이 잘 보존되어 있는 날것 그대로의 섬이다. 단지 눈으로 보고만 있기에는 온몸의 근육이 가만히 있지 않는다. 그렇다면 두 팔과 두 다리의 근육으로 오롯이 울릉도를 느껴 봐야 할 때다. 울릉도에는 자연과 더불어 오감을 만족시킬 만한 레포츠가 다양하니 취향대로 즐겨 보자.

🏔 스킨스쿠버 다이빙

다이빙을 즐기는 이들에게 울릉도만 한 곳은 없다. 울릉도 바다만의 화려한 수중 경관과 다양한 어류, 독특한 심해 화산 지형이 주는 재미와 흥분이 있다. 무엇보다 다른 곳보다 넓고 깊은 시야가 확보되는 청정 해역이라서 다이버들은 울릉도 바다에 금세 마음을 뺏기고 만다. 특히 8~10월이 되면 쿠로시오 난류의 강한 영향권에 들어 이국적인 바닷속 풍경이 펼쳐지니 이때는 울릉도 곳곳에서 다이빙을 즐기는 이들을 쉽게 찾아볼 수 있다.

울릉도의 주변 해안은 전체가 다이빙 포인트라고 해도 과언이 아니다. 다이빙 전문 업체에서 울릉도 20여 곳을 안전한 다이빙을 위한 지형으로 개발해 놓아 요령과 주의 사항만 잘 익히면 초보자라도 어렵지 않게 스쿠버 다이빙을 즐길 수 있다. 다이버들에게 가장 사랑 받고 있는 다이빙 포인트는 통구미, 남양, 평리, 추산, 죽도 등이 있다. 다이브 마스터 이상의 실력자라면 죽도에서 동북쪽으로 더 바깥에 있는 쌍정초를 최고의 포인트로 꼽는다. 조류가 강하고 수직 절벽이 깊게 떨어져 쉽지 않은 다이빙 환경이지만, 시야가 좋고 방어나 흑돔, 매바리 등 다양한 회유성 대형 어류들을 관찰할 수 있어 다이버들의 로망 포인트로 사랑 받고 있다.

울릉 다이버 리조트
🏠 울릉군 서면 남양3리 153-2
스킨스쿠버 교육 및 투어, 체험 다이빙 ☎ 054-791-2768 🌐 www.uldr.net

울릉 아쿠아 레포츠
🏠 울릉군 울릉읍 저동리 18-2번지 🌐 스킨스쿠버 교육 및 투어, 수상 레저, 체험 다이빙 ☎ 054-791-7710 🌐 www.aquacamp.co.kr

추산 다이브 리조트
🏠 울릉군 북면 추산리 510번지 ☎ 010-5300-9835

환상적인 바닷속 풍경 감상하세요~

스킨스쿠버 시 주의할 점

울릉도의 바다는 강한 조류가 밀려오거나 육지와 조금만 떨어져도 급경사인 지형이 많다. 예상치 못한 위험들이 있기 때문에 스쿠버 다이빙을 즐기기 전 반드시 전문 업체에서 일정한 교육을 받거나 동행해 안전사고에 주의해야 한다. 또한 울릉도에서는 불법 수산물 채취를 금지하고 있기 때문에 해양 스포츠를 떠나기 전 울릉군청 해양수산부(054-790-6288)에 연락을 해 두어야 한다.

🏔 바다낚시

울릉도는 물고기 천국이다. 울릉도 절경과 어우러진 석양을 바라보며 낚시를 즐기는 기분은 그 자체로 힐링이다. 울릉도는 쿠로시오 난류의 직접적인 영향을 받아 여름에는 15~24℃, 겨울에는 10~14℃의 수온을 기록한다. 이 때문에 울릉도 인근에는 다양한 어종이 서식하고 있다.
울릉도의 낚시 시즌은 5~11월로 이때는 오징어 성어기다. 항구 주변에서 할복 작업을 마친 오징어 내장은 대부분 따로 보관되지만 일부는 바다로 들어가 항구 주변 바닷물에 오징어 내장이 많아지는 시기다. 오징어 살과 내장, 살아 있는 전갱이 등은 가장 좋은 낚시 미끼다. 오징어 내장을 맛보려는 물고기들이 울릉도 인근에 모여드는 이유다. 이 때문에 울릉도에서는 굳이 배를 타고 바다로 나

체절별 잡히는 주요 어종
봄 - 망상어
여름 - 감성돔, 뱅에돔, 전갱이
가을 - 감성돔, 방어, 참돔, 돌돔
겨울 - 학치, 전갱이, 일연수어

가지 않고도 갯바위나 항구 주변에서 낚시를 즐길 수 있다.
울릉도 낚시의 주요 어종은 참돔, 감성돔, 뱅에돔, 방어, 돌돔, 우럭 등이다. 50cm가 넘는 대형 감성돔이 곧잘 잡히기도 해 여름철이 되면 내로라하는 낚시 전문가가 울릉도를 찾는다.
6~9월 사이에는 배낚시와 갯바위 낚시 가릴 것 없이 낚시꾼의 행복한 비명이 들린다. 1m 이상 되는 방어와 갯방어 등이 잡히고, 40~80cm 크기의 돌돔, 감성돔, 자리돔, 뱅에돔 등이 잡힌다. 갯바위 근처에 서식하는 물고기는 쏨뱅이, 놀래기, 노래미, 전갱이 등이 있다.
가을에는 새벽녘부터 방파제와 갯바위에서 방어를 잡으려는 낚시꾼들이 모인다. 방어는 힘이 세고, 입질이 강하기로 유명해 낚시꾼들 사이에서 짜릿한 승부의 맛을 느끼는 어종 중 하나다. 갯바위에서 고기를 잡아 그 자리에서 바로 회를 떠서 초고추장과 고추, 마늘 등을 곁들여 먹는 낚시꾼의 모습이 눈에 띈다.

낚시 업체
독도 낚시 ☎ 054-791-3335
세진 낚시 ☎ 054-791-2576
울릉 낚시 ☎ 054-791-5255

초보 바다낚시 이렇게 즐겨요

초보 낚시꾼도 어렵지 않게 울릉도 바다낚시를 즐길 수 있다. 낚시 장비를 미리 구입하지 않았다면 낚시점에서 쉽게 대여할 수 있다. 업체를 찾아가 바다낚시를 할 계획이라고 말하면 그 시기에 잘 잡히는 어종에 맞게 채비된 낚시대를 대여해 준다. 장비에 따라 5천~1만 원 사이면 대여할 수 있다. 미끼도 함께 주는 경우가 많다. 도동항 근처 5분 거리에 있는 행남 해안 산책로 갯바위에서 낚시를 하면 초보자도 볼락과 놀래미, 전갱이 등의 어종을 쉽게 잡을 수 있다. 하지만 최근엔 도동항 근처에서 낚시를 하는 것을 추천하지 않는다. 전갱이 등의 물고기가 곧잘 잡히지만, 항구는 바닷물 환경이 그리 좋지 않기 때문에 회를 떠서 먹기에는 조금 부담스러운 게 사실이다.

울릉도 바다낚시 포인트
울릉도는 딱히 어디가 낚시 포인트라고 잘라 말할 수 없을 만큼 바다 전체가 낚시 포인트지만, 초보자들에게 좋은 낚시 장소는 따로 있다.
· 도동 해안 낚시터
· 저동 촛대 바위 인근 혹은 펭귄 냉동 공장 인근
· 통구미(거북 바위, 가재굴) 낚시터
· 남양(사자 바위, 사태구미) 낚시터
· 태하(물양장, 일반추) 낚시터

MTB

2019년 일주도로가 완공되면서 자전거 여행을 즐기는 라이더들이 늘어나고 있다. 단, 울릉도 내 자전거를 가지고 입도하는 과정이 까다로운데 자전거는 특수 수화물로 분류되어 선적에 제약이 있다. 선사별로 약간의 차이는 있지만, 자전거를 해체한 뒤 캐링백에 넣어 지정된 장소에 보관하면 된다. 승선객이 많은 경우에는 선내 공간 협소 등의 문제로 자전거 선적이 거절될 수 있으니 반드시 선사에 미리 문의를 하는 것이 좋다. 자전거 대수가 많은 경우에는 포항을 오고 가는 화물선을 이용하는 것도 방법이다.

가장 많이 찾는 울릉도의 자전거 코스는 왕복 2차선 도로로 포장된 해안 도로와 원시림 속 내수전-석포 사이 구간 등이다. 포장도로라고는 하지만 산 중턱을 오르락내리락해야 하는 까닭에 해안 도로도 만만히 볼 코스는 아니다. 비록 허벅지와 엉덩이의 근육은 혹사당하지만 아름다운 경치가 땀과 피로를 잊게 한다. 내수전-석포 구간은 제대로 된 산악 자전거를 즐길 수 있는 코스다. 좁고 울퉁불퉁한 산길과 급경사가 반복해서 이어진다. 브레이크를 많이 밟게 되므로 타이어 펑크와 브레이크 이상에 주의해야 한다. 울릉도 내 MTB 대여점은 없지만, 가볍게 일주도로 라이딩의 즐거움을 느낄 수 있는 전기 자전거 대여는 가능하다. 단, 충전 문제로 인해 일주도로 완주는 불가능하다.

울릉도 하이킹 (전기 자전거 대여점)
🏠 경북 울릉군 울릉읍 울릉순환로 541 ☎ 054-791-2868 ₩ 미니벨로 시간당 10,000원(1일 40,000원), 풀삭 시간당 15,000원(1일 50,000원)

울릉도 자전거 여행, 안전하게 하려면

- 당연한 이야기지만 도로용 사이클은 절대 이용 불가다. 해안 일주 도로에서만 라이딩을 즐긴다고 할지라도 포장이 깔끔하지 못하고 중간중간 산길이나 들길을 만날 수 있기 때문에 산악자전거(MTB)만 이용 가능하다. 21단 이상으로 가볍고 튼튼해야 한다.
- 라이딩에 앞서 완충 장치나 제동 장치가 잘 작동하는지 반드시 확인한다.
- 울릉도에는 자전거 대여점과 수리점이 없다. 수리 장비와 자전거는 직접 가져와야 한다.
- 자전거 전용 주차장과 전용 도로가 없다. 안전과 분실 사고에 주의하자.
- 터널이 많다. 후미등을 포함한 라이트를 필수로 장착한다.
- 울릉도는 산악 지형이다. 급격한 경사면과 내리막길, 구불구불한 길이 많으니 도로 구조를 미리 숙지하도록 한다.

MTB 코스

- 자전거 이동 가능한 길
- 전망이 좋은 추천 코스

추천 코스
1. 오르락내리락 근육의 한계를 시험한다.
   천부-도동 33km
2. 원시림을 품고 달린다.
   내수전-석포 4.4km
3. 자연을 받아들이고 물아일체를 경험한다.
   도동-내수전 6km
4. 피톤치드로 몸을 정화한다.
   나리 분지-신령수 2km

주요 지명: 태하 등대, 현포 전망대, 황토굴, 태하항, 학포항, 남서 일몰 전망대, 남양항, 통구미 몽돌 해변, 가두봉 등대, 사동항, 두리봉, 사동리, 남양리, 남서리, 태하리, 초봉, 예림원, 현포항, 송곳산, 추산항, 천부항, 나리 분지, 나리봉, 울릉무화, 비파산, 솔바람 쉼터, 간두산, 신령수, 성인봉, 봉래 폭포, 도동리, 대덕리, 대원사, 도동항, 울릉군청, 저동항, 내수전 일출 전망대, 내수전 몽돌 해변, 선창 선착장, 관음도, 죽도

자전거 여행 뒤 시원하게 목욕 한판

도동항 인근
해수탕 사우나 🏠 울릉군 울릉읍 도동리 43-12 ☎ 054-791-5533

저동항 인근
저동 목욕탕 🏠 울릉군 울릉읍 저동리 49 ☎ 054-791-2974
제일 목욕탕 🏠 울릉군 울릉읍 도동리 324 ☎ 054-791-3310

산악 스키

모든 것이 갖춰져 있는 육지의 리조트에서 기계 장비를 이용해 다운힐만 하는 스키가 아니다. 광활한 대자연에서 대지를 느끼며 자유롭게 중력을 거스르며 올라 활강하는 자유를 느낄 수 있다. 특히 울릉도에서는 매년 설원을 내달리는 울릉도 산악 스키 페스티벌이 열리고 있다. 성인봉 스키 등반과 함께 야영을 하고, 일반인들과 등산객들은 썰매를 타고 성인봉에서 내려오는 프로그램도 있다. 단, 산악 스키 페스티벌에 참여하고자 하는 사람은 대한 산악 연맹이 개최하는 기초 과정을 수료하고 참가하는 것을 권한다. 또한 초보자라면 안전사고에 주의해야 한다. 매년 산악 스키를 즐기러 오는 마니아들에게 크고 작은 사고가 발생하기 때문이다. 울릉도에서 사고가 났을 때 배가 뜨지 않으면 육지 병원으로 이송이 어려워 문제가 되기 때문에 안전사고에 주의한다.

산악 스키 페스티벌이란?

울릉 산악 스키 페스티벌은 매년 1월 말에서 2월 초에 개최되는 독특하고 매혹적인 축제로, 주최 측의 사정과 적설량에 따라 그 시기가 달라진다. 국내에서 경험하기 어려운 스키 등반과 분설(粉雪) 스키 활강을 즐길 수 있어 단조로운 육지의 리조트 슬로프에 싫증을 느낀 스키어들이 마음껏 실력을 뽐낼 수 있는 기회이다. 울릉도를 겨울 레포츠의 메카로 자리 잡게 하려는 축제답게 스키어들을 세심하게 배려하고 있다. 평소에는 일반인들에게 개방되지 않는 군부대 케이블카를 이용해 나리 분지에서 말잔등까지 스키어들과 무거운 장비와 짐을 옮길 수 있도록 하기 때문에 좀 더 편안하게 활강할 수 있다. 활강 코스는 적설량과 코스 상태에 따라 달라지며 산악 스키 페스티벌의 일정은 매년 1월 '월간산' 등 산악 관련 미디어에 공지한다.

카누

울릉도 바다를 좀 더 가까이에서 느끼고 싶다면 투명 카누 체험을 추천한다. 카누란 패들(노)로 젓는 작은 배를 뜻하는데 울릉의 투명 카누는 바닥이 훤히 다 보이는 투명한 강화 플라스틱으로 제작해 푸른 울릉의 바다를 고스란히 느낄 수 있게 했다. 일반적으로 카누는 패들이 한 개로, 초등학생들도 금방 요령을 익힐 만큼 패들 젓는 방법은 어렵지 않다. 햇빛이 쨍쨍한 날에는 고스란히 태양을 느끼며 패들을 저어야 하는 일이 보통이 아니지만, 바다 위를 떠다니는 듯한 특별한 경험 때문에 많은 사람들이 투명 카누 체험을 즐기고 있다.

사동 해수욕장
🏠 울릉도 사동 해수욕장 ☎ 054-791-7170 ⏱ 1시간 ₩ 대인 20,000원 / 소인 10,000원

현포항 해양워터파크
🏠 경북 울릉군 북면 울릉순환로 2621 ☎ 010-3933-0914
₩ 대인 25,000원 / 소인 15,000원

가족이 함께 체험해요~

투명한 바닷속이 다 보이네~

여행의 가장 기본은 떠날 각오와 마음껏 행동하고 느낄 수 있는 자유다.
이 정도의 준비만 되어 있다면 무작정 훌쩍 떠나 더러 시행착오를 겪고
좌충우돌하게 되더라도 여행이 주는 활력과 행복을 한껏 느낄 수 있다.
그러나 꼼꼼히 여행을 준비한다면 체력과 시간과 비용을 낭비하지 않아
만족이 극대화되는 여행을 경험할 수 있다.
울릉도 여행을 시작하기에 앞서 알아 두면 도움이 되는
기본적인 정보들과 필수 사항들을 소개한다.

여행 정보

여행 준비하기
교통편 정하기
일정 짜기
준비물 챙기기

울릉도 내 교통편
도보
노선버스
관광버스
자가용
렌터카
택시
유람선

설레는 여행의 시작
여행 준비하기

어떻게 갈까?
교통편 정하기

울릉도로 들어가는 배편은 강릉, 묵호, 포항, 후포 여객선 터미널에서 타면 된다. 본인의 거주지에서 가장 가까운 터미널을 찾는 것이 여러모로 편리하다. 단, 이용하는 터미널에 따라 선박의 크기나 편의 시설, 차량 선적의 여부가 달라지니 여행의 조건에 맞춰 이용하는 것이 좋다. 이용할 터미널을 결정했다면 해당 선사에서 승선권을 예약, 구입하면 된다. 예약 없이는 원하는 날에 울릉도에 들어가는 것도, 나오는 것도 쉽지 않으니 되도록 승선권은 왕복으로 예약, 구입하는 것이 좋다.

- 선사 : 씨스포빌 www.seaspovill.co.kr 대저 해운 www.daezer.com 태성 해운 www.tssc.co.kr 제이에이치페리 www.jhferry.com

❥ 승선권 구입

인터넷 예약 좌석은 매진이나 현장 판매 좌석이 남아 있는 경우에는 여행사를 통해 승선권을 구입할 수도 있다. 웰컴투 울릉도(1600-1877), 굿모닝 울릉도(033-646-4200), 아이러브 울릉도(033-644-5752)에서 선표 예약이 가능하다.

승선권을 구입하지 못한 경우 출항 시간 직전에 여객선 터미널로 나가 당일 취소된 승선권을 구매할 수도 있다. 단, 당일 취소권은 울릉도 주민이나 도내에서 근무하는 군인들에게 우선적으로 판매된다는 점을 염두에 두어야 한다.

❥ 여객선 터미널 셔틀버스

여객선 터미널을 오가는 셔틀버스를 이용하게 되면 한결 편하게 여행을 시작할 수 있다. 여객선 첫배 시간을 고려해 이른 새벽에 이용해야 하지만 왕복 25,000~50,000원 정도에 편하게 이동할 수 있다. 해당 버스 회사를 통해 유선상으로 셔틀버스를 예약한 후 이용할 수 있다. 셔틀버스의 승차 시간과 승차 지점은 미리 꼼꼼히 체크해 두어야 한다.

- **강릉항** (수도권) 양지고속 02-2687-1792, TS투어 02-313-1188 / (충청권) 엠에스투어 042-252-5915 / (전라권) 사랑여행사 062-267-1130
- **묵호항** (수도권) 굿투어 054-791-7900
- **후포항** (수도권) 세종 리무진 010-7496 / (대구권) 제이에이치페리 054-791-9605
- **포항항** (포항역 구간) 뚝심여행사 054-610-9114 / (대구권) 오션투어 1544-4626 / (부산/경남권) 색동투어 051-807-8484

❯ 여객선 결항

울릉도 여객선은 결항률이 높은 편이므로 미리 운항 여부를 확인하는 것은 필수다. 변화무쌍한 울릉도의 날씨 탓에 밤새 도로를 달려 터미널에 도착했지만 여객선에 발도 딛지 못하고, 돌아가는 일은 다반사고, 섬에 발이 묶여 애초에 계획한 일정이 터무니없이 늘어지는 경우도 허다하다. 대체로 출항 여부는 당일 출항 시간 두세 시간 전에 확정된다. 기상 악화로 인해 출항이 어려워지면 예약은 자동 취소가 되며 원하는 날짜에 재예약을 해야 한다. 만약 울릉도에서 육지로 나가는 여객선이 결항될 경우에는 선입선출(先入先出)의 원칙이 적용된다. 출항하지 못한 선박에 대한 예약자 우선으로 출도하도록 되어 있기 때문에 반드시 왕복으로 선표를 하는 것이 좋다. 동절기(12~2월)에는 여행객 감소와 선박 정비 등을 이유로 울릉도를 오가는 상당수의 선박 노선이 감편 운항되거나 휴항에 들어간다. 따라서 동절기에 울릉도 여행을 준비하고 있다면 원하는 날짜에 출항이 가능한 여객선 터미널과 시각을 꼼꼼하게 따져 보는 편이 좋다.

〈울릉도 여객선 운항 시간표〉

출발지	도착지	선박명	선사	출항 시간	소요 시간	운임 (원)			비고
						대인	중고생	소인(2~12세)	
묵호	사동	씨스타 1호	씨스포빌	08:50	3시간	60,000	54,150	30,000	부정기 (선사 문의)
사동	묵호			13:00 또는 17:50					
강릉	저동	씨스타 5호		06:50 또는 09:20		61,000	55,050	30,500	
저동	강릉			15:50 또는 16:20					
강릉	저동	씨스타 11호		08:20 또는 09:20					
저동	강릉			17:20					
포항	도동	엘도라도호	대저해운	09:30	3시간 30분	64,500	58,200	32,250	
도동	포항			14:30					
포항	저동	썬라이즈호		15:00					
저동	포항			10:00					
후포	사동	씨플라워호	제이에이치페리	08:00	2시간 20분	60,000	54,000	30,000	
사동	후포			16:30					
포항	사동	우리누리 1호	태성해운	14:30	3시간 20분	68,500	61,800	34,250	
사동	포항			09:00					

1. 울릉도에서 육지로 이동 시 선박비와는 별도로 터미널 사용료 1,500원(소인 750원)이 부과된다.
2. 성수기 및 특별 수송 기간에는 할증 요금이 적용된다.
3. 신분증은 반드시 지참해야 발권이 가능하며, 출항 시간 전 반드시 결항 여부를 확인해야 한다.
4. 반려동물 동반 시 케이지 무게와 합쳐서 5kg 이하 탑승이 가능하며 선사에서 지정하는 공간에 별도 분리되어 이동한다.

● 울릉 크루즈

지난 2021년 포항과 울릉을 오가는 울릉 크루즈가 닻을 올렸다. 1,200여 명이 탑승할 수 있는 2만 톤급 대형 카페리선으로 사계절 결항 걱정 없이 좀 더 쾌적하게 울릉 여행을 즐길 수 있게 되었다. 6인실부터 로얄 스위트룸까지 236실로 구성이 되어 있는 울릉 크루즈는 온돌실을 제외하고는 모두 침대가 구비되어 있어 편안하고 안락하게 여행의 시작과 끝을 함께 할 수 있다는 것이 최대 장점이다. 편의점, 노래방, 식당, 오락실 등의 편의 시설도 갖추고 있어 다소 지루할 수 있는 긴 여행에 재미를 더한다. 선미 170m, 좌우 너비가 26m인 거대 크루즈의 갑판은 밤 시간대를 제외하고는 출입이 가능하다. 따라서 울릉도 전경 및 일출과 일몰을 바다 위에서 볼 수 있는 독특한 경험까지 가능하다.

출발지	도착지	선박명	선사	출항 시간	소요 시간	운임 (원)	비고
포항	사동	뉴씨다오펄호	울릉크루즈 ulcruise.co.kr 1533–3370	23:50	6시간 30분	다인실 65,000원~(1인) 오션뷰 2인실 400,000원 로얄 스위트 800,000원	유류 할증료 별도 (매월 가격 상이하므로 홈페이지 참고)
사동	포항			12:30			

※ 오토바이 및 최대 4.5톤 화물차까지 선적 가능. 운임은 배기량에 따라 다르므로 홈페이지 참고.

어떻게 즐길까?
일정 짜기

울릉도 여행은 크게 육로 관광과 해상 관광, 그리고 독도 탐방과 성인봉 등반까지 총 4개의 코스로 나눌 수 있다. 여기에 둘레길 탐방까지 포함하여 울릉도의 면면을 고스란히 보고 느끼려면 적어도 4박 5일 정도의 일정이 소요된다. 하지만 현실적인 여건을 감안할 때 휴가철 외에 장기간의 휴가를 떠나기 어려운 직장인들에게 4박 5일의 일정은 무리일 수도 있다. 따라서 넉넉한 시간을 내기 어렵다면 너무 빠듯한 일정을 잡기보다는 한 번 두 번 더 찾을 생각을 가지고 여유 있게 일정을 계획하는 편이 좋다. 쉴 틈 없는 빡빡한 일정은 여행의 낭만을 감소시켜 오히려 울릉도에 대한 좋지 않은 기억만을 남기게 될 가능성이 크다. 울릉도의 매혹적인 풍광은 어차피 다시 한 번 찾게끔 만드는 매력이 있으니 조급함을 버리고 여유 있게 울릉도를 여행하길 바란다. 간혹 기상 악화로 인해 배가 뜨지 않아 울릉도에 발이 묶이는 경우도 더러 있으니 울릉도 여행 일정의 마지막 날 이후로 하루 정도는 급한 업무나 약속은 계획하지 않는 편이 좋다.

이것만은 배낭 속에!
준비물 챙기기

◎ 멀미약

깅조하고 또 강조하건데 울릉도 여행에서 뱃멀미를 가볍게 여겨서는 절대 안 된다. 일단 파고가 2m 이상이 되면 재미를 넘어서 공포를 느끼게 된다. 안전장치 없이 바이킹을 타는 기분이랄까. 여기저기서 사람들이 하나둘씩 드러눕고 네 발로 기어 다니는 장면을 목격하게 되면 예능 프로그램 〈1박 2일〉의 장면들이 오버가 아니었음을 깨닫게 된다. 뱃멀미와 울릉도 여행의 만족도는 반비례 관계인 만큼 뱃멀미를 철저하게 예방하면 일단 울릉도 여행의 시작은 순조롭다.

뱃멀미를 예방하는 가장 확실한 방법은 멀미약을 복용하는 것이다. 멀미약에는 패치형, 가루형, 액상형 등이 있는데 가급적이면 가루형이나 액상형의 멀미약을 출발 한 시간 전에 복용하는 것이 좋다. 멀미약이 잘 듣지 않는 편이라면 약사의 처방을 받아 약간의 수면제를 같이 복용한 뒤 승선하자마자 눈을 붙이는 편이 좋다. 푹 자고 나면 한결 가볍게 울릉도 여행을 시작할 수 있다. 그래도 걱정이 된다면 울릉도 내의 '윤정약국(054-791-2629)'에서 멀미약을 조제 받도록 하자. 유선으로 주문하면 택배로 받을 수 있다. 울릉도 주민들이 추천할 만큼 뱃멀미에 상당한 효과를 보인다.

파도의 영향을 덜 받는 대형 선박을 이용하거나 쾌적한 환경의 좌석을 이용하는 것도 뱃멀미를 줄이는 데 도움이 된다. 2층에 비해 1층의 좌석이 파고의 영향을 덜 받기는 하나 1층은 많은 사람들로 북적이기 때문에 2층 좌석을 이용하거나 우등석을 이용하는 편이 좋다.

출항 전날이나 당일 날에는 반드시 음주를 피하고 뱃멀미는 냄새에 영향을 받는 만큼 손수건이나 마스크에 본인이 좋아하는 향을 뿌린 후 코에 대고 있는 방법도 좋다.

◎ 여분의 옷

그런 일이 생기면 안 되겠지만 더러 기상 악화 등의 이유로 배가 육지로 나가지 못해 울릉도에서의 일정이 늘어나는 경우가 종종 발생한다. 그럴 경우를 대비해 옷가지를 여유 있게 챙기는 것도 좋다.

▶ 아이젠 & 스패츠

울릉도는 대표적인 다우, 다설 지역이다. 연 강수량이 1,400mm를 넘는데 11월부터 이듬해 2월까지 연 강수량의 40%가 집중된다. 평균 적설량은 100cm 정도고 나리 분지의 경우 300cm가 넘으니 지겹도록 눈이 내리는 설국이라는 표현이 딱 적당하다. 물론 눈이 내리면 도동항과 저동항을 비롯해 해안 일주 도로 등은 신속하게 제설이 이루어지지만 울릉 깊숙이 들어가는 지역은 아이젠과 스패츠 없이는 이동이 불가한 경우가 많다. 따라서 겨울철 울릉도를 여행한다면 사용 여부에 대한 고민 말고 배낭 속에 챙겨 두어야 한다. 특히 성인봉의 경우에는 육지에서는 반팔 차림도 어색하지 않은 5월까지도 종종 눈이 내린다고 하니 이 기간 중에 성인봉 등반은 아이젠과 스패츠를 반드시 준비하도록 한다.

▶ 우비 & 우산

울릉도 날씨는 변덕이 심하다. 오전 내내 해가 쨍쨍하다가도 금세 먹구름이 드리워지더니 비바람이 쏟아지기도 하고 좀처럼 끝날 것 같지 않은 장대비도 언제 그랬냐는 듯 뚝 멈추기도 한다. 섬 특유의 예측 불가능한 날씨다. 따라서 우비나 우산을 챙겨 두면 용이하게 쓰인다. 울릉도 여행지 대부분이 가파른 언덕길을 따라 도보로 이동해야 하는 경우가 많으므로 우산보다는 우비가 좀 더 편리하다.

▶ 전투 식량

나 홀로 여행객이거나 여행 일정이 다소 길 때 한두 개쯤 배낭에 넣어 두면 후회는 없다. 도동항, 저동항 인근의 편의점에는 이동 중 생길 수 있는 음식물의 변질로 인해 끼니를 때울 만한 도시락이나 삼각 김밥을 판매하지 않는다. 또한 울릉도의 일부 음식점에서는 1인분의 음식을 판매하지 않는 경우도 있다. 따라서 나 홀로 여행족이거나 여행비 지출을 줄이거나 간편하게 식사하길 원한다면 전투 식량은 든든한 양식이 된다. 물만 있으면 어디서든 식사할 수 있기 때문에 트레킹 중에도 손쉽게 먹을 수 있다.

울릉 Travel Look

가장 합리적인 스타일링이란 TPO[Time(시간), Place(장소), Occasion(상황)]에 맞춰 나만의 취향과 개성을 드러내는 것. 울릉도의 지형적 특성과 환경을 고려하여 센스 있는 스타일링을 연출하기 위해 필요한 패션 아이템을 소개한다.

발이 편해야 몸도 편하다

울릉도에 머물다 보면 여름에는 샌들이나 슬리퍼를, 겨울에는 어그 부츠를 신고 울릉도에 입도하는 여행자들을 꽤나 자주 보게 된다. 계절감에는 별 문제 없어 보이나 울릉도 여행 스폿의 대부분이 오르막길이고 비포장 도로인데다 장시간 걸어야 하는 상황이 많기 때문에 그에 맞게 가볍고 편하며 접지력이 좋은 트레킹화나 등산화를 준비하는 것이 좋다. 특히 겨울철 성인봉을 등반할 계획이라면 스패츠와 아이젠 착용을 고려하여 반드시 중등산화를 준비해야 한다.

여름철엔 쿨소재 의류로 시원하게

전형적인 해양성 기후를 보이는 울릉도는 여름철 후덥지근하고 꿉꿉한 편이다. 섬 특성상 바람이 많이 부는 편이긴 하나 잠시만 걸어도 등줄기에 땀이 흐른다. 이때 필요한 건 바로 기능성 쿨 소재 의류. 땀이 신속하게 흡수되면서 동시에 건조해 주니 좀 더 상쾌하고 산뜻한 여행을 즐길 수 있다. 또한 숙소에서 가볍게 손빨래 후 널어 두어도 밤사이에 금방 마르기 때문에 굳이 많은 옷을 챙겨 오지 않아도 된다는 장점도 있다.

겨울철엔 레이어링으로 따뜻하게

울릉도의 겨울철은 육지에 비해 비교적 온난한 편이지만 겨울은 겨울이니 가장 염두에 둬야 할 것은 바로 보온성. 두꺼운 옷을 한 겹 입는 것보다 얇은 옷을 여러 겹 겹쳐 입는 편이 훨씬 따뜻할 뿐만 아니라 활동성을 위해서도 좋다. 겨울이지만 산을 오르거나 트래킹을 하다 보면 땀이 나므로 땀을 빨리 흡수하고 빠르게 건조시키는 기능성 의류를 기본으로 착용하고 바람이나 눈에도 보온을 유지할 수 있는 제품들을 레이어링하여 입도록 하자.

모자+선크림+선글라스 = 자외선 차단 3종 세트

육지로 돌아가는 배 안에서 얼굴로 확 올라온 기미와 주근깨에 당황하고 싶지 않다면 자외선 차단 3종 세트는 필히 챙기는 것이 좋다. 선크림은 작은 용량을 휴대하고 다니면서 수시로 덧발라 주는 것이 좋다. 챙이 넓은 모자와 선글라스를 착용하면 자외선 차단율은 더 높아지게 된다. 보통 겨울에는 자외선 차단에 덜 신경 쓰게 되지만 눈에 반사된 자외선은 멜라닌 색소를 자극하므로 겨울에도 꼼꼼하게 자외선 차단에 신경 써야 한다.

피부를 보호하는 버프

겨울철 울릉도 여행이라면 차고 건조한 바람에 피부를 보호하기 위해 버프를 준비하는 것이 좋다. 피부가 거칠어지는 것을 막아 주기도 하지만 체온 유지에도 효과적이며 자외선 차단에도 좋다. 본인의 얼굴 사이즈를 고려해 호흡하는 데 어려움이 없으며 답답하게 얼굴을 조이지 않는 것으로 선택한다.

울릉도를 제대로 여행하는 방법
울릉도 내 교통편

도보

울릉도의 구석구석을 오롯이 즐기고 싶다면 도보 여행만 한 것이 없다. 그러나 안전하고 합리적으로 울릉도를 만끽하고 싶다면 100% 도보 일주보다는 노선버스를 적절하게 이용하는 여행을 권한다.

울릉도의 일주 도로는 지형 특성상 경사가 심하고 콘크리트 포장 도로이기 때문에 장시간 걷기에는 무리가 따른다. 특히 햇살이 강한 여름에는 뜨거운 햇살과 지열을 온몸으로 견뎌야 하므로 본격적으로 여행을 시작하기도 전에 지쳐 버리고 만다. 게다가 도로의 폭이 좁아 도로를 오가는 차들의 질주를 고스란히 느껴야 하거나 신호를 받아 통과하는 비좁은 일방통행 터널도 곳곳에서 나타나기 때문에 자동차 통행이 불가능한 둘레길이나 해안 산책로 등을 제외하고는 노선버스를 적절하게 이용하여 여행을 즐기는 편이 좋다.

노선버스

울릉도의 노선버스는 자유 여행자들에게 가장 효율적인 교통수단 중 하나다. 비교적 저렴한 비용으로 울릉도의 중요 여행지를 편리하게 둘러볼 수 있기 때문이다. 반세기 만에 완성된 일주도로를 순환하는 섬 일주 노선 4개를 비롯해 도동과 봉래 폭포를 오가는 노선, 천부와 나리분지를 오가는 노선, 천부에서 선창과 석포를 오가는 노선이 운행 중이다. 버스 요금은 같은 읍면 내에서는 1,000원, 다른 읍면 간은 1,500원이다. 예를 들어 울릉읍 도동에서 같은 울릉읍인 내수전을 가는 데는 1,000원이지만 북면의 천부를 가는 데는 1,500원의 비용이 든다. (단, 도동⇄봉래 폭포, 천부⇄관음도 노선은 동일 읍면이지만 1,500원의 요금이 든다.) 교통카드 사용도 가능하며 교통카드 이용 시 현금 기본요금에서 100원이 할인된다. 환승 시스템은 미적용된다.

〈울릉도 노선버스 시간표〉

도동 · 사동 방면 섬 일주 노선

도동(출발)	사동항	남양	태하	현포	천부	관음도	저동 약국	도동(도착)
06:10	06:25	06:35	06:50	07:05	07:15	07:30	07:40	07:50
07:50	08:05	08:15	08:30	08:45	08:55	09:10	09:20	09:30
09:40	09:55	10:05	10:20	10:35	10:45	11:00	11:10	11:20
11:40	11:55	12:05	12:20	12:35	12:45	13:00	13:10	13:20
13:40	13:55	14:05	14:20	14:35	14:45	15:00	15:10	15:20
15:30	15:45	15:55	16:10	16:25	16:35	16:50	17:00	17:10
17:30	17:45	17:55	18:10	18:25	18:35	18:50	19:00	19:10
19:20	19:35	19:45	20:00	20:15	20:25	20:40	20:50	21:00

도동 · 저동 방면 섬 일주 노선

도동(출발)	저동 여객선 터미널	관음도	천부	현포	태하	남양	사동항	도동(도착)
07:10	07:20	07:30	07:45	07:55	08:10	08:25	08:35	08:50
08:50	09:00	09:10	09:25	09:35	09:50	10:05	10:15	10:30
10:40	10:50	11:00	11:15	11:25	11:40	11:55	12:05	12:20
12:40	12:50	13:00	13:15	13:25	13:40	13:55	14:05	14:20
14:30	14:40	14:50	15:05	15:15	15:30	15:45	15:55	16:10
16:30	16:40	16:50	17:05	17:15	17:30	17:45	17:55	18:10
18:20	18:30	18:40	18:55	19:05	19:20	19:35	19:45	20:00

천부 · 저동 방면 섬 일주 노선

천부(출발)	관음도	저동 약국	도동	사동항	남양	태하	현포	천부(도착)
06:20	06:35	06:45	06:55	07:10	07:20	07:35	07:50	08:00
08:00	08:15	08:25	08:35	08:50	09:00	09:15	09:30	09:40
09:50	10:05	10:15	10:25	10:40	10:50	11:05	11:20	11:30
11:50	12:05	12:15	12:25	12:40	12:50	13:05	13:20	13:30
13:50	14:05	14:15	14:25	14:40	14:50	15:05	15:20	15:30
15:40	15:55	16:05	16:15	16:30	16:40	16:55	17:10	17:20
17:50	18:05	18:15	18:25	18:40	18:50	19:05	19:20	19:30
19:30	19:45	19:55	20:05	20:20	20:30	20:45	21:00	21:10

천부 · 태하 방면 섬 일주 노선

천부(출발)	현포	태하	남양	사동항	도동	저동 여객선 터미널	관음도	천부(도착)
07:10	07:20	07:35	07:50	08:00	08:15	08:25	08:35	08:50
08:50	09:00	09:15	09:30	09:40	09:55	10:05	10:15	10:30
10:50	11:00	11:15	11:30	11:40	11:55	12:05	12:15	12:30
12:50	13:00	13:15	13:30	13:40	13:55	14:05	14:15	14:30
14:40	14:50	15:05	15:20	15:30	15:45	15:55	16:05	16:20
16:40	16:50	17:05	17:20	17:30	17:45	17:55	18:05	18:20
18:30	18:40	18:55	19:10	19:20	19:35	19:45	19:55	20:10

도동 ⇌ 저동 ⇌ 봉래 폭포

도동	저동	봉래 폭포
06:45	← 07:05	07:00
07:20	← 07:40	07:35
08:05	08:35	08:30
09:20	← 09:40	09:35
10:10	10:35	10:30
11:00	← 11:25	11:20
11:40	← 12:05	12:00
12:30	← 12:55	12:50
13:30	← 13:55	13:50
14:50	15:15	15:10
15:30	← 15:55	15:50
16:10	← 16:35	16:30
17:00	← 17:25	17:20
18:05	← 18:30	18:25
19:00	← 19:20	19:15(저동 휴먼시아)

- 문의 : 무릉 교통(054-791-8000)
- 버스 운행 시간은 동절기, 기상 악화 등의 이유로 변경될 수 있다.

천부 ⇌ 나리 분지

천부(출발) → 나리 분지(도착)		나리 분지(출발) → 천부(도착)	
07:20	07:35	07:35	07:50
08:00	08:15	08:35	08:50
09:40	09:55	10:30	10:45
10:50	11:05	11:30	11:45
12:45	13:00	13:00	13:15
13:30	13:45	14:20	14:35
14:50	15:05	15:20	15:35
15:40	15:55	16:20	16:35
16:35	16:50	16:50	17:05
17:20	17:35	17:35	17:50
18:20	18:35	18:35	18:50

천부 ⇌ 석포

천부(출발) → 선창 → 석포(도착)			석포(출발) → 선창 → 천부(도착)		
07:40	07:50	07:55	08:00	08:05	08:15
08:40	08:50	08:55	09:00	09:05	09:15
10:45	10:55	11:00	11:00	11:05	11:15
11:50	12:00	12:05	12:10	12:15	12:25
13:20	13:30	13:35	13:40	13:45	13:55
15:30	15:40	15:45	15:45	15:50	16:00
17:10	17:20	17:25	17:30	17:35	17:45
17:50	18:00	18:05	18:10	18:15	18:25

관광버스

짧은 일정으로 울릉도를 찾았을 경우, 또는 어르신이나 어린이를 동반한 여행객들에게 추천할 만한 교통수단이다. 각 여행사에서 운영하고 있는 프로그램으로 비교적 저렴한 가격에 울릉도의 중요 비경을 콕콕 짚어서 보여 주기 때문에 효율적인 시간 활용이 가능하다. 더불어 운전기사이자 가이드인 버스 수인상이 명소에 내한 깨일 같은 해일을 더하니 이해의 폭도 깊어진다. 단, 한정된 시간 동안 돌아보는 일정이라 비경들을 오감에 담고 느끼기에는 아쉬움이 남을 수 있다.

관광버스 A 코스	1인당 25,000원 / 4시간 30분 소요 도동–사동–통구미–남양–구암–학포–태하–현포–평리–천부–나리 분지–도동 ※ 섬 전체를 둘러볼 수 있는 일주 코스로 현지 상황에 따라 역방향으로 이동할 수도 있다. 예림원(5,000원), 관음도(4,000원) 입장은 선택 사항이며 입장료는 별도.
관광버스 B 코스	1인당 15,000원 / 2시간 소요 도동–저동–봉래 폭포–내수전 일출 전망대 ※ 봉래 폭포(2,000원) 입장료는 별도.

• 문의 : 울릉도 매니아(1599-1312), 울릉도 굿투어(1644-2923),
　　　호명 여행사(054-791-1717), 일광 투어(054-791-7878)

자가용

울릉도를 오가는 전 노선이 차량 선적이 불가능한 쾌속 여객선으로 변경되면서 자차와 함께 입도하는 것은 불가능하다. 따라서 화물선을 이용하여 차를 먼저 실어 보내고 차 따로 사람 따로 입도하는 방법이 유일하다.

화물선 이용은 포항 노선에서만 가능하며 미래해운(054-251-2117)과 금광해운(054-248-3331) 2개의 선사에서 예약할 수 있다. 월 · 수 · 금요일 밤에 화물선에 차량을 실어 보내고 사람은 다음 날 오전 일반 배편으로 울릉도에 입도하여 차량을 인도받을 수 있다. 아반떼 기준 왕복 30만 원 선으로 다소 부담이 되는 금액일 수 있으나 인원이 많거나 여행 일정이 길 때는 렌터카보다는 자가용 이용이 편리하다.

📘 자가용 여행자들을 위한 팁

★운전 시 주의할 점

아무리 베스트 드라이버라 하더라도 울릉도에서의 운전은 신경 쓸 부분이 많다. 항구 주변의 도로는 경사가 심한 데다 비좁고 해안 일주 도로의 경우에는 비좁은 왕복 2차선 도로에 낙석의 위험이 있다. 특히나 육지에서는 보기 힘든 편도 1차선의 일방통행 터널도 있다. 통구미 터널, 남통 터널 등은 터널 입구에서 신호를 받고 이동해야 하므로 주의해서 운전할 필요가 있다.

★울릉도 내 주유소

울릉도 내에는 주유소가 총 3곳이 있다. 물류비 때문에 어쩔 수 없이 육지보다 비싼 점은 감안해야 한다. LPG 충전소가 없다는 점도 알아 둘 것.

GS 칼텍스 독도 주유소 울릉군 서면 태하리 219-3 (054-791-5155)
SK 수협 주유소 울릉군 울릉읍 도동리 240-2 (054-791-5151)
S-oil 울릉 주유소 울릉군 울릉읍 도동리 412-13 (054-791-4848)

★도동 · 저동항 주변의 공영 주차장

도동항 공영 주차장 : 1일 3,000원~(도동 버스정류장 앞 / 054-791-3155)
저동항 공영 주차장 : 1일 3,000원~(저동 농협지소 뒤편 / 054-790-6251)

렌터카

차량 선적 비용이 부담된다면 울릉도 내에서 렌터카를 이용하는 방안도 고려해 볼 만하다. 단, 울릉도 내 렌터카 비용은 비싼 편이다. 준중형차를 기준으로 7~8만 원 정도이다. 성수기의 경우에는 차량별로 2~3만 원 정도의 할증 요금이 가산된다.

• 문의 : 현대렌트카(054-791-7880), 이렌트카(054-791-7272), 콜렌트카(054-791-2666)

택시

울릉도에는 약 40여 대의 택시가 있는데 SUV 4륜 차량이 주류를 이루고 있다. 산세가 험하고 어딜 가나 언덕길이니 일반 승용차로는 어려운 점이 많기 때문이다.

울릉도 택시 요금 체계는 규정 요금과 콜(call) 요금으로 나뉜다. 택시의 이동이 많은 도농·서봉에서는 규정 요금을 지불하면 된다. 도동, 저동에서 승차하여 다른 지역으로 갈 때도 규정 요금을 지불하면 되지만 다른 지역에서 되돌아 나오는 경우에는 해당 지역에 택시가 없으므로 일반적으로 콜(call) 택시를 불러야 하고, 따라서 요금도 콜(call) 요금을 지불하게 된다. 보통 콜 요금은 3,000원을 추가로 지불한다.

〈울릉도 택시 요금표〉

출발	도착	규정 요금
도동 택시 승강장	저동 버스정류장	4,500~5,000원
	사동 여객선 터미널	10,000~12,000원
	봉래 폭포	10,000원
	내수전 일출 전망대 입구	18,000원
	안평전(성인봉 등산로 입구)	22,000~25,000원
	섬 일주 A 코스 (관광버스 A 코스와 동일)	180,000~200,000원
	섬 일주 B 코스 (관광버스 B 코스와 동일)	70,000원

• 제시한 표는 울릉도에서 통상적인 요금이나 상황에 따라 요금의 변동이 생긴다. 따라서 탑승 전 요금에 대해 문의·협의 후 이용하는 것이 좋다.

택시 타고 섬 일주하기

택시를 이용해 섬 일주 택시 관광도 가능하다. 섬 일주 관광버스와 비슷한 코스로 진행되며 요금은 관광버스에 비해서 높지만 연세 많으신 어르신이나 어린아이가 있을 경우에는 보다 편안하고 안락한 관광이 가능하다는 장점이 있다.

문의 : 울릉택시(054-791-2315), 개인택시(054-791-2612)

유람선

울릉도를 오가는 방법이 오로지 배편인데다 독도를 가기 위해 또 배를 타게 되니 대부분의 여행자들이 해상 관광은 일정에서 제외하는 경우가 많다. 하지만 해상 관광을 제외하면 울릉도 여행을 완벽하게 했다고 말하기 힘들다. 섬을 제대로 보려면 그 안을 잘 들여다보는 것도 중요하지만 바다로 나와 섬 주변을 돌아보면 또 다른 매력을 느낄 수 있기 때문이다. 울릉도에서 유람선을 이용해 해상 관광을 할 수 있는 방법으로는 해상 일주 코스, 죽도 코스 총 2가지가 있다.

▶ 해상 일주 코스

도동항에서 출발하여 울릉도 전체를 한 바퀴 돌고 다시 도동에 입항하는 데 약 2시간이 소요되는 해상 일주 코스는 홍도·거제도·제주도 등 내로라하는 유람선 코스들과 비교해 봐도 절대 부족함 없는 울릉 여행의 꽃이다. 울릉도의 해안은 지형 특성상 뚝 떼어 놓은 듯 가파른 절벽으로 이루어져 있어 아예 접근이 불가능한 곳도 있는데다 섬 안에서 볼 때와 섬에서 벗어나 바다 위에서 볼 때 그 표정이 다르다. 따라서 울릉도 해안 절경의 빛깔과 질감을 제대로 감상하고 싶다면 해상 일주 관광은 필수다.

출발지	출발 시간	요금
도동 여객선 터미널	09:15 15:40	대인 : 25,000원 소인 : 12,000원

- 문의 : 054-791-2002
- 날씨 및 승객 증감, 날짜별로 운항 시간이 변동되며, 성수기에는 기본 운항 2편 외 증편 운영되므로 반드시 사전에 전화 확인 후 이용해야 한다.

▶ 죽도 코스

울릉도에 속해 있는 44개의 부속 섬 중 가장 큰 유인도인 죽도는 하루에 2편 운행되는 유람선으로만 접근 가능하다. 죽도 선착장에서 유일한 섬의 진입로인 365개의 달팽이 계단을 따라 올라가면 울창한 대숲길을 시작으로 약 4km의 산책로가 계절별로 다양한 색상과 질감으로 아름다움을 선보인다. 산책로에 설치된 전망대 곳곳에서는 관음도와 삼선암 등을 조망할 수 있다.

출발지	출발 시간	요금
도동 여객선 터미널	09:00 14:00	대인 : 18,000원 소인 : 9,000원 (죽도 입장료 성인 2,000원, 소인 1,000원은 별도)

- 문의 : 054-791-0123
- 유람선 운행이 부정기적이며, 기상 상황에 따라 변동될 수 있으므로 사전에 전화 문의 후 이용해야 한다.

울릉아일랜드 투어 패스

알뜰 여행의 시작

울릉아일랜드 투어 패스는 울릉도 내 20여 곳의 주요 유료 관광 시설을 저렴하고 편리하게 이용할 수 있는 자유 이용권형 패스다. 여행 일정에 맞춰 24시간권 또는 48시간권을 구매하거나 버스 무제한 탑승권 등을 추가 옵션으로 선택하면 무조건 득이 되는 도내 여행이 가능하다. 여행지 외에 식음료 매장 할인 등도 추가로 제공되니 매우 유용한 패스다. 홈페이지에서 패스권을 구매 후 발송되는 모바일 바코드를 제시하면 입장 및 사용이 가능하다.

- **구입처** : www.klook.com, www.gbtourpass.kr

[울릉아일랜드 투어패스 24시간권]
7,900원
특별할인가 3,000매 한정!

[울릉아일랜드 투어패스 48시간권]
9,900원
특별할인가 3,000매 한정!

[울릉아일랜드 투어패스 48시간권+버스 5회탑승]
16,900원
특별할인가 3,000매 한정!